ÉTUDE

SUR

FORBONNAIS

PAR SON PETIT-NEVEU

VERON DUVERGER

Ancien Conseiller d'État.
Directeur général des Chemins de fer,
Inspecteur général des Ponts et Chaussées en retraite.

PARIS
GUILLAUMIN ET Cie
ÉDITEURS DU JOURNAL DES ÉCONOMISTES
RUE RICHELIEU, 14

1900

VERON DUVERGER DE FORBONNAIS

SAINT-DENIS. — IMPRIMERIE H. BOUILLANT, 20, RUE DE PARIS.

ÉTUDE

SUR

FORBONNAIS

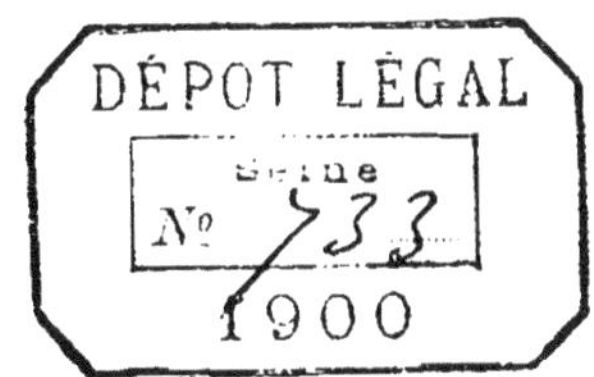

PAR SON PETIT-NEVEU

VERON DUVERGER

Ancien Conseiller d'État,
Directeur général des Chemins de fer,
Inspecteur général des Ponts et Chaussées en retraite.

PARIS
GUILLAUMIN ET Cie
ÉDITEURS DU JOURNAL DES ÉCONOMISTES
RUE RICHELIEU, 14

—

1900

PRÉFACE

FAMILLE VERON

François Veron Duverger de Forbonnais appartenait à une famille Veron, du Mans.

Les historiens de la province du Maine sont d'accord sur ce fait que le nom de Veron était très anciennement connu au Mans : Ils citent :

« 1° Robert Veron, nommé consul en 1494 et en 1495. Il était le fils de Jean Veron, marchand, demeurant au Mans, seigneur de Chassillé. Avant son élection, depuis 1491 jusqu'à la fin de son mandat, Robert Veron occupa le premier rang dans la municipalité du Mans. C'est à lui très probablement que revient l'honneur d'avoir construit la charmante maison dite de la reine Bérengère, telle qu'elle existe aujourd'hui (le n° 11 de la Grande-Rue).

« 2° Guillaume Veron, qui fut l'un des exécuteurs testamentaires du cardinal de Luxembourg, dont il était l'ami intime. C'était un personnage important, l'un des membres les plus en vue du haut clergé du Mans. Il contribua à la fondation du collège du Mans et de divers autres établissements. »

L'auteur de la notice [1] à laquelle j'emprunte les détails qui précèdent dit « que Guillaume Veron est le dernier de son nom qui posséda la maison de la reine Bérengère. Celle-ci avait été également la propriété de Veron l'échevin ». L'auteur ajoute : « Après eux la famille Veron disparut de la scène; le même nom reparaitra encore plus brillant dans l'histoire du Mans au XVIIe et au XVIIIe siècle, avec les propriétaires de la célèbre fabrique d'étamines du Mans qui seront échevins, conseillers du roi, gardes-scel de l'hôtel de ville, juges, consuls, et surtout avec l'illustre

[1] Insérée dans le tome XXII, 1892, de la *Revue historique et archéologique du Mans*, p. 129.

économiste François Veron de Forbonnais, l'un des grands hommes de notre pays. »

Une note manuscrite, laissée par un des membres de cette dernière famille, qui fut juge-consul, échevin, conseiller du roi, garde-scel de l'hôtel de ville, fait voir qu'il n'a pas cru que les deux familles fussent aussi étrangères l'une à l'autre, que le suppose l'auteur de la notice insérée dans la *Revue historique et archéologique du Mans*.

Voici cette note :

« Il est incertain, si la famille Veron est originaire de Dieppe ou de Picardie.

« Guillaume Veron, archidiacre du château du Loir et chanoine de l'église du Mans, résigna son canonicat en faveur de son neveu qu'il fit venir de Dieppe. Celui-ci attira à son tour son fils Pierre.

« Pierre Veron, dont la femme appartenait à une très bonne famille, mourut jeune, ruiné par l'un des seigneurs de Picardie, dont il fréquentait la société. Ses biens furent vendus; il laissait trois enfants sans ressources. Deux de ceux-ci moururent en bas-âge; le troisième, Guillaume, fut obligé de travailler pour vivre, Il se plaça chez un maître serger qui lui apprit son état. Ayant acquis une petite fortune, Guillaume Veron se maria et eut deux fils, dont l'un fut Jean-François Veron, qui fonda en 1640 la fabrique d'étamines du Mans. Il était né en 1615. » Le doute qu'éprouva l'auteur de cette note s'explique parce qu'à la même époque, il existait en Picardie une famille Vairon de Doigny, de Beaurepaire. Les noms et les titres des membres de cette famille se trouvent dans le dictionnaire historique du département de l'Aisne. Leurs armes y sont aussi décrites.

« De gueules à trois verons d'argent, mis en face l'une de l'autre, celui du milieu contourné. »

On verra plus loin que ces armes ont le plus grand rapport avec celles de la famille Veron du Mans. Cette similitude et celle du nom permettent de supposer que ces deux familles ont une origine commune.

Les étoffes fabriquées au Mans par Jean-

François Veron étaient « de petites serges croisées ou des serges à quatre marches.

« Appelées serges du seigneur, l'inventeur leur donna le nom d'étamines camelotées, à raison de leurs grains perlés comme celui du camelot [1]. »

Son fils, Guillaume Veron, les perfectionna, en inventant un procédé de dégraissage qui leur fit atteindre, sous le nom de *Vérones*, une haute célébrité dans les deux mondes.

Par arrêt du Conseil d'état du roi (23 juin 1693), un privilège exclusif fut accordé à l'inventeur.

La fabrique prit un grand développement, qui fit la fortune de la famille Veron, en même temps qu'elle assurait l'existence d'une grande partie de la population du Mans et des environs.

Le Pelletier de la Sarthe attribue cette prospérité, à ce que le chef de la famille avait initié

[1] Extrait de la notice : *Origine de la fabrique d'étamines du Mans*, par Renouard, bibliothécaire du département. Elles étaient expédiées pour les deux tiers en Italie, en Espagne, en Portugal et dans les colonies américaines du sud; l'autre tiers était consommé en partie par le clergé de France. *Dictionnaire pesche*, p. 622.

de bonne heure ses enfants à ses secrets, et les avait intéressés au succès de son entreprise, au lieu d'en faire des bourgeois et des messieurs.

Plus tard, Guillaume inventa un moulin à fouler les étamines. A cette occasion nn arrêt du 21 mars 1717 — confirmant l'arrêt de 1693, l'autorisa à désigner celui de ses fils qu'il choisirait pour lui transmettre le privilège exclusif.

En 1710, Guillaume Veron fut nommé de la juridiction consulaire qui venait d'être créée.

Nommé échevin de la ville du Mans en 1711, il le fut encore en 1726. Au dire des historiens du Mans, il était d'une intelligence, d'une capacité remarquable, et ses concitoyens l'élirent comme étant le plus digne d'un pareil honneur.

Guillaume Veron mourut le 23 août 1728, à l'âge de soixante-sept ans. Il s'était marié deux fois et avait eu quinze enfants, dont neuf garçons et six filles. De ces enfants, six moururent en bas-âge. Trois de ses fils se firent religieux. Cinq de ses filles entrèrent au couvent des dominicaines. L'une d'elles devint Prieure de la communauté. La sixième, Marie-Madeleine, mariée à Bessirard de la Touche, a eu une longue postérité, qui est loin d'être éteinte [1].

L'aîné des garçons porta le nom de son père : Guillaume; les deux autres y ajoutèrent, l'un, Louis-François Veron, le nom de du Verger ; l'autre, celui de de La Croix.

En vertu de l'arrêt du conseil, Guillaume Veron avait désigné, comme son successeur, le second de ses fils, François-Louis Veron du Verger.

A cette époque, la fabrique d'étamines marchait avec une grande activité. C'est sans doute alors que fut faite par le peintre Boucher une étiquette destinée au numérotage des pièces d'étoffe qu'elle expédiait. Cette étiquette est renfermée dans un cartouche, que supportent des sirènes et des dauphins.

Au milieu, un numéro à remplir.

Au loin, des navires en pleine mer.

Au-dessus, dans une banderolle :

« Manufacture avec privilège de Veron du Verger. »

[1] A cette postérité appartient la famille Vetillart, dont le père, ancien maire du Mans, fut sénateur de la Sarthe.

Au-dessous, l'écusson suivant :

Armes de la famille Veron du Mans

« D'argent à trois verons de sable opposés l'un à l'autre : à la face de gueules chargée de trois étoiles d'argent [1]. »

François-Louis Veron du Verger ne fut pas seulement un négociant habile, il se montra administrateur. Élevé dans le commerce, rompu aux affaires par la pratique et une longue expérience, doué d'un esprit généreux et vraiment élevé, Veron du Verger ne veilla pas seulement à ses intérêts, il les négligea même pour se dévouer complètement au bien public, se prodigua en toute circonstance à ses concitoyens. Partout nous trouvons la trace de son action, de son influence, et de son désintéressement [2].

Aussi fut-il appelé de bonne heure, en 1745, à la juridiction consulaire; il devint président en 1762. Plus tard, ses collègues l'élirent doyen.

[1] Bibliothèque nationale. Œuvre de Boucher.

[2] *Mémoires* du R. P. de la Manouillère, chanoine de l'église du Mans, p. 372.

Nommé échevin de la ville du Mans en 1754, il signala son administration par le zèle le plus éclairé. C'est à lui que la ville du Mans fut redevable, en 1752, d'un approvisionnement de blé étranger. Connu pour son goût particulier de l'architecture et des plantations, il encouragea, par ses conseils et par son exemple, les habitants de la ville et de la province à embellir leur demeure[1].

Lors de l'établissement, en 1761, des sociétés d'agriculture, il fut nommé par le roi secrétaire perpétuel ; il en exerça les fonctions jusqu'à sa mort.

Comme son père, François-Louis Veron du Verger se maria deux fois.

Il épousa, en 1721, Marguerite-Anne Plumard, fille d'un économiste. Il en eut quatre enfants, dont deux moururent en bas-âge.

Les deux autres furent :

1° François Veron du Verger qui, sous le nom de Forbonais (pris d'une terre achetée

[1] On lui doit l'introduction, dans le Maine, de la culture du mûrier.

dans la commune de Champaissant), devait avoir une grande célébrité ;

2° Marie-Anne Veron du Verger, dont le gendre, Leprince d'Ardenay, est l'auteur de l'éloge historique de son oncle Forbonais.

Devenu veuf, François-Louis Veron du Verger épousa, en 1721, Marie-Renée Godard de la Gracinière [1], qui lui donna cinq enfants, dont un mourut jeune; deux fils, Michel-Louis et François-Charles; deux filles : Marie-Françoise-Jeanne, qui épousa Pierre Fanneau de la Touche, ingénieur en chef des ponts et chaussées de la province d'Anjou; Françoise-Henriette, qui ne se maria pas et fut appelée Mlle de la Gracinière.

Ce fut le nom que prit également le plus jeune de ses frères, François-Charles; il devint officier et épousa à l'Ile de France, Mlle Panon Desbassins de Richemont.

L'aîné, Michel-Louis [2], qui était entré dans la

[1] Il vint habiter l'hôtel de la Sirène. *Mémoires du chanoine de la Manouillère*, p. 372.

[2] Dans l'acte de naissance de Michel-Louis Veron Duverger (20 décembre 1740), Duverger est écrit en un seul mot; il en est de même de sa signature. Ses descendants ont suivi son exemple.

Ferme générale, passa, au moment de la Révo-tion, dans l'administration des douanes. Il y fut suivi par ses fils et l'un de ses petits-fils qui devint de bonne heure directeur, comme l'avaient été son père et son grand-père.

Des deux autres de ses petits-fils, l'un entra à l'École Polytechnique et arriva aux premiers grades dans le corps des ponts et chaussées, l'autre se plaça au premier rang parmi les professeurs de l'École de droit de Paris [1].

François-Louis Veron mourut le 16 octobre 1780, à l'âge de quatre-vingt-cinq ans, d'une attaque d'apoplexie. Son fils aîné, François de Forbonnais, fit de vains efforts pour lui rendre la parole et la vie.

François-Louis Veron du Verger avait été l'un des meilleurs citoyens de la ville du Mans. « C'est une perte, dit le chanoine de la

[1] Alexandre-Jacques Veron Duverger, professeur à l'École de droit de Paris, officier de la Légion d'honneur, décédé le 3 janvier 1892, a laissé deux fils :

L'un, Alexandre Veron Duverger, ancien avocat au conseil d'État et à la Cour de cassation ;

L'autre, Edmond Veron Duverger, lieutenant-colonel d'artillerie.

Manouillère[1], c'était un homme de mérite qui s'est sacrifié pour le public; il a été longtemps à l'Hôtel de Ville. »

Les regrets que causa sa mort furent universels. La juridiction consulaire, dont il était le doyen, fit célébrer, le 18 décembre 1780, un service solennel, « en reconnaissance de tout ce qu'avait fait ce vertueux citoyen, dans l'intérêt du commerce et de la juridiction consulaire. »

Le bureau de la Société d'agriculture suspendit ses séances « pour témoigner la douleur que causait à la Société, la perte du plus laborieux des secrétaires, qui joignait toutes les vertus morales aux sentiments d'un véritable patriote, aux talents d'un agronome distingué. »

On ne sait à quelle époque le chef de la branche, François Veron, abandonna la fabrique du Mans. Il l'avait encore en 1749, lorsqu'il envoya son fils aîné, François de Forbonnais, âgé de dix-neuf ans. en Italie, pour les besoins de son industrie.

[1] *Mémoires*, t. I, p. 371.

Il est vraisemblable qu'il eut pour successeurs les enfants de son frère aîné, Guillaume Veron, car leurs noms figurent plusieurs fois, parmi les consuls et les présidents de la juridiction consulaire, ainsi que dans la liste des échevins de la ville du Mans. Mais cette branche fut éteinte par la mort d'un de ses membres, décédé sans postérité mâle, Guillaume-Louis-Henri-Augustin.

La troisième branche Veron, celle de Jean-Jacques Veron de La Croix, avait disparu depuis longtemps, ce dernier n'ayant eu qu'une fille.

La fabrique d'étamines du Mans disparut elle-même à la Révolution et ne put jamais être reconstituée.

ÉTUDE

SUR

VERON DUVERGER DE FORBONNAIS

PREMIÈRE PARTIE

Naissance.

François Veron Duverger de Forbonnais [1], né au Mans le 3 octobre 1722, était, ainsi que nous l'avons dit, le fils aîné de François-Louis Veron-Duverger, successivement juge, président de la juridiction consulaire et échevin de la ville du Mans. Son bisaïeul était François-Louis-Veron, qui avait fondé, en 1640, la manufacture d'étamines, dont

[1] Forbonnais est le nom d'une terre qu'il avait acquise dans la commune de Champaissant, arrondissement de Mamers.

les produits, sous le nom de Verones, ont eu, pendant un siècle et demi, un grand succès.

La biographie de Forbonnais se trouve dans tous les recueils destinés à faire connaître les hommes qui ont occupé un rang élevé dans les lettres, les sciences ou les arts. Toutes ces notices biographiques ont eu pour source deux discours prononcés après la mort de Forbonnais : l'un, à la Société libre des arts du Mans, dans la séance du 29 brumaire an IX; l'autre, par de l'Isle de Sales, à l'Institut qui comptait Forbonnais au nombre de ses associés.

L'auteur du premier était son neveu[1] par alliance, Leprince d'Ardenay. Il est très simplement écrit et a pour titre : *Éloge historique*. L'autre est intitulé : *Vie littéraire de Forbonnais;* il appartient, par son style emphatique, à l'école de certains écrivains du XVIIIe siècle.

[1] Leprince d'Ardenay avait épousé la fille de Mme Godard d'Assé, sœur de Forbonnais.

Après avoir dit, que le « mérite des productions de Forbonnais, fruit de soixante ans d'une vie active et laborieuse, consacrée à régénérer le commerce de l'Europe et de ses finances, l'engagea à tenter d'acquitter la dette que la patrie semble avoir contractée envers sa mémoire », de Sales ajoute, que « Forbonnais était d'une famille de négociants, qui, depuis trois cents ans, jouissait dans la province d'une réputation intacte d'intelligence et de probité,... trois siècles de noblesse héréditaire consacrant l'hérédité du talent et de la vertu! »

Plus simple et plus modeste eût été Forbonnais, s'il eût écrit lui-même sa vie.

Comme l'auteur de l'*Éloge historique*, il eût rappelé qu'après avoir fait avec succès ses études au collège de Beauvais à Paris, il fut envoyé par son père, pour les affaires de son commerce, en Italie et en Espagne.

Revenu au Mans en 1743, et devenu indépendant par la mort de sa mère, il ne voulut pas se livrer à la même industrie que son père qui s'était remarié ; mais, par une inclination naturelle que ses voyages avaient développée, il vint à Nantes chez son oncle maternel, l'un des principaux armateurs de ce grand port, pour étudier sous ses auspices le commerce maritime.

C'est après avoir consacré cinq années à cette étude et à toutes celles qui s'y rattachent : finances, marine, colonies, impôts ; c'est après avoir acquis par la pratique un ensemble important de connaissances économiques qu'il arriva à Paris. Il avait à ce moment trente ans, et certainement quelque confiance dans ses lumières. L'anecdote suivante, que rapportent ses biographies, semble l'indiquer.

Ayant d'abord vécu fort retiré, il se lia avec quelques personnes de mérite, qui ne tardèrent pas à apprécier son instruction et sa valeur. L'occasion s'étant présentée pour lui d'écrire quelques mémoires pour l'administration, il les vit accueillir avec une extrême froideur par les personnes haut placées auxquelles ils furent communiqués. Une d'entre elles, des plus considérables, lui dit : « Vous avez de l'esprit, des connaissances; on dit du bien de votre morale; mais je suis de bonne foi, je vous préviens que je ne ferai jamais rien pour vous. » Forbonnais répondit : « Je vous remercie, je n'ai pas besoin de vous. J'ai cru que, chargé par votre ministère de faire le bien, je pouvais ne pas vous être inutile. Je me suis trompé, je ne passerai pas mon temps davantage à vous visiter[1]. »

De Salles lui fait ajouter : « Le public du moins lira mon ouvrage et nous jugera. »

C'est, en effet, au public que s'adressa Forbonnais.

A vingt-sept ans, il avait composé une tragédie en cinq actes intitulée : *Coriolan*. Reçue par les comédiens, il la retira avant qu'elle fût jouée. Plus tard, il la réduisit en trois actes; sur la demande de Fréron, elle fut envoyée à un prince d'Allemagne.

[1] *Éloge historique*, p. 5.

Forbonnais est l'auteur de diverses pièces de poésie légère, dont quelques-unes ont été imprimées, notamment des stances sur la paix de 1748. Il cultiva pendant quelque temps la musique et la peinture, et avait formé une collection intéressante de tableaux. Mais ce qu'il avait rapporté de ses voyages et les études qu'il avait faites à Nantes l'avaient préparé pour une autre voie.

Déjà, il avait publié une analyse de l'*Esprit des lois*, « avec des notes qui, quoique froides et souvent diffuses, annonçaient, dit de Salles, qu'il aurait pu faire quelques chapitres du chef-d'œuvre de Montesquieu. »

Il avait confié vers le même temps à des libraires de Paris et de Marseille divers mémoires dont les principaux sont : *Questions sur le commerce français au Levant; Essais sur l'admission des navires neutres dans les colonies*, et divers traités *sur la prohibition des toiles peintes*, sur les bijoux d'or et d'argent et sur le privilège exclusif de la manufacture de glaces.

En 1753, parut une traduction libre de l'œuvre de l'Espagnol don Geronymo de Ustaritz intitulée : *Théorie et pratique du commerce et de la marine*. Elle est dédiée au célèbre Machault.

Forbonnais traduisit ensuite et publia, sous le titre du négociant anglais, en l'abrégeant, le *British museum*, recueil de pamphlets imprimés en Angleterre relatifs au traité d'Utrecht. L'ouvrage est précédé d'un discours préliminaire sur le commerce de l'Angleterre avec la France, le Portugal et l'Espagne.

De la même époque datent les considérations sur les finances de l'Espagne relativement à celles de France.

Celles-ci frappèrent tellement le gouvernement espagnol, en dévoilant les longues erreurs de la monarchie, que le ministre d'alors, Ensenada, demanda à la cour de Versailles que Forbonnais fût nommé consul général en Espagne. « Le maréchal de Noailles s'y opposa en conseil, sous prétexte que les hommes de génie étaient trop rares en France pour les laisser s'expatrier. » Il ajouta que « la vraie place du protégé d'Ensenada était dans la diplomatie française [1] ». Mais Forbonnais ne fut nommé ni consul, ni diplomate. Dans l'intervalle, le ministère espagnol avait été renversé.

A ces ouvrages succédèrent, en 1754, les *Éléments du commerce*, dont il fut fait deux éditions dans l'espace de trois semaines. Les *Éléments du commerce* furent traduits dans les principales langues de l'Europe. Une troisième édition parut en 1766 [2].

De Salles dit, au sujet de cet ouvrage, « que Forbonnais est le premier qui ait osé réduire en art les pratiques minutieuses des négociants et des armateurs. Son ouvrage renferme, en quatorze chapitres, tout ce que l'homme doit savoir sur l'agriculture, sur les

[1] *Vie littéraire*, p. 33.

[2] En l'an IV de la République, cette dernière édition se trouva épuisée; il en fut fait une nouvelle avec l'aveu de l'auteur. Les éditeurs en firent hommage au Corps législatif (*Éloge historique*).

travaux de l'industrie, sur la navigation, la circulation des monnaies, le rapport de l'argent avec le prix des denrées, le crédit qui développe la force d'un État, etc. C'est une encyclopédie en ce genre, sans laquelle la grande n'aurait pas eu de plan primitif. »

Indépendamment d'un éloge qui peut paraître aujourd'hui très exagéré, il y a là une erreur chronologique. L'*Encyclopédie* de Diderot est antérieure aux *Éléments du commerce.* Forbonnais y avait précisément inséré, dans deux articles intitulés : *change, commerce*, les idées et les considérations qu'il a réunies et rééditées en 1754.

Le succès des *Éléments du commerce* rencontra une vive opposition de la part des économistes, que l'on désignait alors du nom de physiocrates.

La lutte qui s'établit entre eux et Forbonnais, et qui dura près de cinquante ans, nous oblige à dire quels étaient leurs chefs alors, et à rappeler les principales bases de leur doctrine.

Les physiocrates. — A la tête des physiocrates étaient deux hommes remarquables par le caractère, par l'énergie de leur conviction, et par la position qu'ils occupaient dans la société. L'un était le docteur Quesnay, premier médecin du Roi et de la favorite Mme de Pompadour; l'autre, Vincent de Gournay, habile et loyal négociant qui devint membre du bureau du Commerce.

Les origines de Gournay appartenaient au commerce; celles de Quesnay à l'agriculture. Il avait été élevé dans une ferme, et avait conservé une passion pour la culture; la chirurgie fit néanmoins sa fortune. C'était un novateur : Louis XV, qui l'aimait, l'appelait *son penseur* [1].

Avec un esprit dogmatique et absolu, Quesnay avait prétendu fonder une philosophie sociale en partant de cette idée [2] : « que le monde étant soumis à des lois qui assurent l'équilibre de l'univers; que l'humanité de-

[1] *Histoire de France*, d'Henri Martin, t. XVI, p. 162.
[2] *Nouveau Dictionnaire d'Économie politique*, p. 477.

vant aussi être soumise à des lois naturelles qui assurent l'ordre social; que l'homme, ne pouvant vivre seul sans le secours de ses semblables, l'union des hommes en société était la preuve de ces lois. »

Ne définissant pas les lois naturelles et laissant à l'autorité le soin d'en proclamer l'*évidence*, Quesnay et ses disciples ont posé en principe « que cette autorité devait être unique, despotique, héréditaire[2]. »

Ils reconnaissent à chaque homme en naissant[3] « un droit naturel variable, suivant les circonstances et selon ses facultés, le droit de faire ce qui lui était avantageux. Étant un être libre, il ne pouvait être violenté par qui que ce soit dans sa personne, ni dans ses actes. Maître de lui-même, il devait être maître de son travail, propriétaire des fruits de ce travail, enfin, propriétaire du sol sur lequel il avait travaillé. »

[1] *Nouveau Dictionnaire d'Économie politique*, p. 477.
[2] *Idem*, p. 477.

Quesnay avait divisé toute nation en trois classes[1] :

« 1° Celle qui s'occupe de l'agriculture et à laquelle il avait donné le nom de classe *productive;*

« 2° Celle qui possède, ou classe des propriétaires;

« 3° Le reste de la population, c'est-à-dire l'ensemble des industriels, commerçants, ouvriers des villes, artistes, savants, formait la troisième classe, à laquelle il avait donné le nom de classe *stérile;* non qu'il prétendît qu'elle fût inutile, mais parce qu'il s'imaginait qu'elle ne contribuait pas à reconstituer le revenu dont une nation a besoin pour pourvoir à ses nécessités courantes. »

Voici comment, d'après Quesnay, s'opèrent la répartition et la reproduction des richesses[2] :

« Les cultivateurs prélèvent sur le produit brut de la culture ce qui est nécessaire pour

[1] *Nouveau Dictionnaire d'Économie politique*, p. 481.
[2] *Idem*, p. 481.

assurer leur existence personnelle, celle de leurs ouvriers et la reproduction des récoltes dans l'avenir; le reste ou produit net passe aux propriétaires qui achètent aux cultivateurs les denrées dont ils ont besoin pour vivre. Ils rendent ainsi à la classe productive une partie du produit. Les mêmes propriétaires, avec une autre partie du produit net, font des achats à la classe stérile, qui a ainsi de quoi se nourrir et se procurer les matières qu'elle transforme industriellement. . . . .

« Quant à la partie du produit net, dont le propriétaire n'a pas besoin pour vivre et pour entretenir les capitaux incorporés par lui dans la terre entièrement défrichée, elle était employée à subvenir aux besoins de l'État, à améliorer d'anciennes terres ou à en défricher de nouvelles. »

Les physiocrates considéraient la terre comme la source unique des richesses, et la société comme uniquement composée de producteurs et de consommateurs de blé. Ils ne comprenaient pas que le travail humain appliqué à l'industrie est une création de richesses au même titre que l'agriculture. Ils estimaient que l'épargne, lorsqu'elle n'est pas employée à améliorer la terre, n'a pas d'utilité et même peut nuire à la formation des richesses, en enlevant à la culture des capitaux qui auraient pu être consacrés à accroître la production. »

Telles étaient les idées de Quesnay acceptées par ses disciples comme articles de foi. Ceux-ci, d'accord avec leur chef, s'imaginaient « que, par le produit net, le propriétaire du sol détenait tout le revenu du pays, et que c'était aux propriétaires seuls que devaient être demandées les sommes nécessaires à l'entretien du Gouvernement ». De là leur théorie de l'*impôt unique* et *direct* qui, dans leur opinion, ôtait toute espèce de danger à l'absolutisme du prince, toujours intéressé au développement du produit net.

Gournay, devenu membre du bureau du commerce, était un homme pratique, beaucoup moins absolu que Quesnay. Il avait dit que les seules richesses de l'État sont « le produit annuel de ses terres et de l'industrie de ses habitants. » C'est lui qui lança la formule : *laissez faire, laissez passer*, c'est-à-dire « plus de règlements qui enchaînent la fabrication et font du droit de travailler un privilège, plus de prohibitions qui empêchent les échanges, plus de droits excessifs multipliés qui entravent la circulation et restreignent la consommation, plus de tarifs qui fixent la valeur des denrées et des marchandises. Le blé est une marchandise comme une autre et doit circuler et sortir librement; l'argent est aussi une marchandise comme une autre[1]. »

Gournay, par des encouragements, voulait soutenir la libre industrie. Quesnay était le théoricien, l'organisateur systématique de la science nouvelle. Tous deux, du reste, faisaient servir au succès de leurs idées l'influence que leur donnaient leurs places

[1] Henri Martin. *Histoire de France*, t. XV, p. 1065.

auprès du Roi et de Mme de Pompadour.

Les Éléments du commerce. — L'année où Forbonnais publia les *Éléments du commerce* est celle où parurent dans l'*Encyclopédie* les articles de Quesnay et l'introduction de Gournay sur la liberté du travail. « Une lutte s'engagea presque aussitôt entre Forbonnais et la nouvelle école[1] ».

Quand on lit aujourd'hui les *Éléments du commerce*, on a peine à comprendre comment cet ouvrage a pu la provoquer.

Forbonnais proclame « que l'agriculture est la base essentielle du commerce » ; et il l'explique en disant « que le commerce consiste à mettre en circulation toutes les choses dont l'homme a besoin. »

Loin de se déclarer l'ennemi de la liberté du commerce, il consacre tout un chapitre à la concurrence, « qui est pour lui la base de cette liberté. » Il la veut pleine et entière

[1] *Nouveau Dictionnaire d'Économie politique*, Forbonnais, p. 1044.

pour le commerce intérieur. Quant au commerce extérieur, il veut « que son succès soit dû aux efforts que fait l'industrie pour suivre le goût du consommateur, le prévenir et même l'exciter ».

Forbonnais attribue « à l'idée de conservation la préférence de l'homme en faveur de l'agriculture, qui assure sa subsistance ». Mais il oppose aux peuples, qui ont toujours vécu dans la crainte de disettes et de famine, l'exemple de ceux qui ont fait des produits de la culture la base de leur commerce. Il cite la révolution qui se produisit en Angleterre, en 1689, quand le gouvernement crut devoir encourager par des primes l'exportation des grains, en même temps qu'il accordait à l'importation une liberté limitée. A partir de ce moment les craintes de disette disparurent, bien que l'exportation des grains fût devenue considérable.

C'est en vue d'obtenir un pareil résultat pour la France, que Forbonnais demanda la libre circulation du blé entre les provinces, la création de magasins destinés à les conserver, et à favoriser la spéculation; la liberté d'entrée et de sortie dans des conditions analogues à celles de l'Angleterre; enfin, le meilleur entretien possible des voies de transport par eau et par terre.

Les matières premières étant l'élément essentiel de l'industrie, comme le grain est l'élément de la nourriture de l'homme, c'est une législation semblable à celle des grains que réclame pour elle l'auteur des *Éléments du commerce*. « Chaque pays est libre de créer des manufactures comme il l'entend. Libre également à lui d'établir des droits de prohibition pour les défendre, mais il doit s'attendre à une réciprocité de la part de l'étranger. Ce qui peut lui donner l'avantage, c'est de produire à meilleur marché, « de séduire le consommateur, en tenant compte du climat, des usages, de la richesse. »

La concurrence des négociants, des artistes, comme celle des cultivateurs, voilà ce que demande encore Forbonnais. Et, pour le succès des artistes, il indique les conditions que doit remplir l'apprentissage, dont il demande le développement et la réglementation.

De la nécessité de maintenir la subsistance et par suite la main-d'œuvre à bon marché, il conclut que les manufactures ne doivent jamais être établies dans les grands centres de population. Toujours dans le même but, il réclame des récompenses destinées à encourager tout ce qui tend à abréger, à faciliter le travail des hommes. Aussi, s'élève-t-il contre le préjugé qui condamnait les machines, mais il n'admet pas qu'on puisse les employer en agriculture.

Former une marine est aux yeux de Forbonnais une des principales obligations d'une nation maritime. La marine marchande est, dans son opinion, la meilleure école pour la marine militaire. Il estime que le peuple qui fait faire par un autre la navigation qu'il pourrait faire lui-même, diminue d'autant la force qu'il devrait avoir. « C'est à leur acte de navigation, dit-il, que les Anglais doivent la grande extension de leur commerce. » Mais il pense que le classement des gens de mer, tel qu'il se pratique en France, est plus avantageux pour le pays que le mode de recrutement qui existe en Angleterre : la *presse.* »

C'est la navigation qui a permis aux Anglais de fonder des colonies, dans le double intérêt de leur agriculture et de leur commerce. « Les colonies, dit Forbonnais, procurent à la métropole : 1° une plus grande consommation des produits obtenus ; 2° de l'occupation pour un plus grand nombre de ses manufacturiers, artisans, pêcheurs, matelots ; 3° une plus grande quantité des denrées nécessaires à ses besoins ; 4° un plus grand superflu à fournir aux autres peuples.

« La reconnaissance des colons vis-à-vis de la métropole, et la continuation du droit conservé sur eux, leur imposent l'obligation d'une dépendance immédiate et d'un intérêt subordonné au sien.

« A moins que la métropole ne se dépeuple imprudemment, les colons ne sont généralement pas assez nombreux pour suffire aux besoins de l'agriculture et de l'industrie; de là l'obligation d'y employer des nègres, et, pour le gouvernement, de favoriser la traite. »

Après avoir passé en revue successivement le commerce, l'agriculture, les travaux industriels, la navigation, les colonies, Forbonnais consacre un chapitre à chacun des objets ci-après : les *assurances*, le *change*, la *circulation* de l'argent, le *crédit*, le *luxe*, la *balance* du commerce. Comme dans la première partie de son ouvrage, on n'y trouve rien qui ait pu soulever une tempête dans le monde économique. Ce sont des notions générales qui ont été, sans doute, accueillies par le public avec une satisfaction d'autant plus grande qu'elles étaient moins répandues.

L'auteur définit successivement chacun des objets dans sa deuxième partie.

Les Assurances. — « *Assurer*, ou faire le commerce des assurances, c'est, dit Forbonnais, se rendre propre le risque d'autrui sur tel ou tel objet à certaines conditions. » Ces conditions font l'objet d'un contrat, que l'on désigne du nom de police d'assurance, et qui stipule une prime au profit de l'assureur.

Le Change. — *Le change*, quand il ne s'agit pas du change des monnaies, est le prix auquel s'effectue le transport d'une somme à payer d'un pays dans un autre, au moyen de ce qu'on appelle une *lettre de change*. Ce prix dépend de la valeur relative de la monnaie dans les deux pays et des frais que le prêteur est obligé de faire pour se procurer les fonds nécessaires.

« *La lettre de change*, dit Forbonnais, en remplaçant le transport effectif de l'argent, constitue un progrès analogue à celui qui a été réalisé par l'invention de la monnaie pour l'achat des denrées. »

L'auteur insiste sur les facilités de toutes

sortes qui en sont résultées pour la circulation de l'argent, par suite pour le développement du commerce et de l'industrie. Il fait voir la question du change sortie de celle du *prêt à intérêt*. « Cet *intérêt*, dit-il, est le profit que l'argent peut procurer à ceux qui le détiennent, en le prêtant pour un temps déterminé à ceux qui en ont besoin et qui peuvent l'employer utilement. »

L'importance du prêt dépend du crédit de l'emprunteur.

Le Crédit. — Forbonnais a défini le crédit : « La faculté d'emprunter sur l'opinion conçue de l'assurance du paiement. » Cette confiance est fondée sur les sûretés réelles ou personnelles de l'emprunteur. Les sûretés réelles consistent dans les capitaux et les revenus qu'il possède. Les sûretés personnelles sont basées, d'une part, sur le degré d'utilité qu'on peut retirer de l'emprunt ; d'autre part, la prudence, l'économie, l'exactitude de l'emprunteur.

Crédit général. — « On peut emprunter de deux manières, dit l'auteur;

« Ou bien le capital prêté est aliéné en faveur du débiteur avec certaines formalités;

« Ou bien le capital n'est pas aliéné, et le prêteur n'a d'autre titre de son prêt qu'une simple reconnaissance.

« Celle-ci constitue une dette chirographaire; c'est la plus usitée par ceux qui font profession de commerce ou de finances.

« Par cette reconnaissance, l'emprunteur s'engage à opérer le paiement de la somme qu'elle représente au terme fixé dans un lieu désigné.

« La nature et la commodité de ces sortes d'obligations mettent les deniers en mouvement à des distances infinies. »

Crédit public. — Passant au crédit public, Forbonnais dit qu'il se divise en deux branches : le crédit des compagnies et le crédit de l'État.

Le crédit des compagnies a la même source que le crédit des particuliers. « Leur capital se forme par petites portions permettant à tous les membres de la compagnie d'y prendre commodément un intérêt. »

« Le Gouvernement, qui veille à la sûreté intérieure et extérieure de la société, a un double motif de soutenir, soit par des lois, soit par des mesures promptes et efficaces, le crédit des compagnies.

« La compagnie est représentée par ceux qui en dirigent les opérations, et les portions de l'intérêt le sont, par une reconnaissance transportable au gré du porteur.

« Cette espèce de commerce comporte de grands risques, de grandes dépenses

« Il en résulte deux sortes d'engagements : les uns permanents, les autres momentanés.

« Ce sont : les reconnaissances d'un intérêt dans leur capital ; les reconnaissances de dettes contractées à raison des besoins.

« Ces engagements ont cours comme signes de l'argent. »

Crédit de l'État. — Le crédit de l'État a pour sûreté réelle la somme des tributs que l'État peut lever sur le peuple sans nuire à l'agriculture et au commerce.

Pour que cette sûreté soit suffisante, il faut, dit Forbonnais : « qu'elle puisse payer les intérêts des obligations, satisfaire aux dépenses courantes, soit intérieures, soit extérieures, amortir chaque année une partie considérable des dettes. »

Il fait remarquer qu'un État ne peut, comme un particulier, limiter absolument sa dépense ; que des besoins nouveaux l'obligent à l'étendre, à emprunter, et il faut que ces emprunts ne puissent nuire à son crédit.

Les Banques. — Des établissements ont été institués pour aider au développement du crédit public et en faciliter l'usage, ce sont les banques.

Forbonnais les définit ainsi : « Des dépôts ouverts à toutes les valeurs mercantiles du pays.

« Les reconnaissances du dépôt de ces valeurs les représentent dans le public et se transportent d'un particulier à un autre. Leur effet est de doubler les valeurs déposées. »

L'auteur n'a pas rangé les banques dans la classe des compagnies de commerce « parce qu'elles ne méritent pas ce nom, n'étant destinées qu'à escompter les obligations des commerçants et à donner plus de facilités à leur crédit. »

« La loi exige que les banques aient toujours un capital en numéraire. » Les portions de ce capital sont représentées par des reconnaissances appelées *actions*, qui circulent dans le public, et qu'il ne faut pas confondre avec les *billets* que la Banque émet, à mesure que les négociants lui apportent « des gages ou du papier solides dont elle avance la valeur », sauf une petite portion qu'elle se se réserve à titre d'intérêt.

« Les billets de Banque, en représentant dans le public les valeurs déposées, deviennent une monnaie véritable, que l'on peut conserver ou passer dans le commerce à volonté.

« Lorsque, en certains moments de crise, les denrées manquent de leurs signes ordinaires, l'argent, » une banque peut porter la vie dans un corps politique, en offrant un crédit nouveau, une valeur réelle toujours existante. Ses opérations feront sortir de leur prison l'argent où la défiance le retenait. L'inverse peut avoir lieu par l'abus qui a pu être fait du crédit de la Banque. Aussi, Forbonnais, tout en insistant sur la nécessité d'employer « tous les moyens naturels, artificiels ou politiques » qui peuvent favoriser le mouvement du commerce, estime que, « partout où la circulation et le crédit ont une certaine activité, les banques sont inutiles et même dangereuses. »

Le luxe. — Forbonnais a consacré un chapitre au luxe. Il le définit ainsi : « L'usage que font les hommes de la faculté d'exister agréablement par le travail d'autrui. » Il considère le luxe comme un stimulant nécessaire pour l'activité et la prospérité de la société. Le projet d'Henri IV d'introduire, sinon le luxe, du moins l'abondance dans les campagnes appartient, dit-il, « à la plus profonde politique et lui paraît renfermer une grande instruction.

« Le luxe humanise les hommes, polit leurs manières, adoucit leur humeur, aiguise leur imagination, perfectionne leurs connaissances. Les progrès du luxe résultant des produits du commerce sont lents, mais continus.

« Le luxe, qui n'a pas la même origine, ne peut avoir qu'une durée passagère. Effet d'une cause vicieuse, il sera vicieux; effet d'une cause utile, il sera utile.

« Le plus grand de tous les abus serait que les riches ne dépensassent pas. Tout serait pauvre autour d'eux, l'État serait pauvre, sans chaleur et sans vie. »

LA BALANCE GÉNÉRALE DU COMMERCE. — « La

balance générale du commerce est, dit Forbonnais, pour une nation, la différence du montant de ses achats et du montant de ses ventes au dehors. »

C'est à obtenir le bénéfice de cette différence que tendent tous les États commerçants. Ce bénéfice seul peut donner au commerce l'activité qui répartit l'aisance entre toutes les classes de la population. Mais l'auteur n'ignore pas qu'il est très difficile de connaître exactement son importance, eu égard aux dettes actives et passives du commerce avec l'étranger. Pour savoir comment se soldent réellement ses opérations, il faudrait pouvoir tenir compte, en outre, des dépenses que font les citoyens en voyageant les uns chez les autres, de l'intérêt des sommes placées, soit chez les particuliers, soit dans les dépôts publics.

Les *Éléments du commerce* se terminent par des indications générales qui font connaître quelles ont été les idées de l'auteur à son début dans le monde, sur le but et l'organisation de la société. Le sentiment qui le domine, c'est que le commerce est l'intérêt principal d'une nation; ses efforts doivent tendre à augmenter le nombre des travailleurs, son capital en denrées; elle doit faire en sorte qu'il soit de l'intérêt des étrangers de commercer avec elle.

Il insiste sur la nécessité de développer tout ce qui peut les attirer chez elle, les engager à y prolonger leur séjour par l'attrait et la variété des distractions qu'elle peut leur offrir.

Il veut qu'en transportant leur industrie en France, les ouvriers étrangers y jouissent de toutes les prérogatives des citoyens, à la condition de se soumettre aux lois; à cet effet, que la naturalisation soit facilement accordée, et aussi peu coûteuse que possible.

Il demande la création de maisons de travail, qui seraient en même temps des maisons de correction.

Il s'élève contre cette multitude effrayante de gens de livrée, choisis dans les campagnes parmi les travailleurs les plus robustes et les mieux faits. Leur consommation ne peut dédommager la terre de la meilleure culture qu'elle attendait de leurs bras. Il regrette la perte de salaire qui résulte de la multiplicité des fêtes religieuses, et déplore le préjugé qui fait croire qu'un homme s'avilit quand il descend de la classe dont son aïeul est sorti.

Mais il se plaint de ce que le fermage des terres, les arts, le commerce ne soient pas suffisamment honorés. Il y voudrait un remède; mais ses idées à cet égard sont confuses. Ce qu'il désire avant tout, c'est la disparition des privilèges. Il considère cependant « que la suppression de la noblesse serait une opération plus éclatante qu'utile. On ne voit pas que les pairs d'Angleterre aient dégénéré en payant les mêmes impôts dans la même proportion que le reste du peuple. »

Il se prononce plus nettement au sujet d'un

autre genre d'abus qu'enfante la variété par l'obstacle qu'elle oppose au meilleur emploi de l'esprit. Il s'adresse ainsi « aux poètes médiocres, aux romanciers insipides, enfin à tout le peuple si nombreux d'auteurs frivoles, de beaux esprits par excellence, qui se ressemblent par leur pétulance et par l'inutilité parfaite dont ils sont à la République. »

« Le ridicule et la critique armés d'un regard sévère peuvent venger la société de tous les maux qu'ils leur causent. »

Après le succès des *Éléments du commerce*, les libraires se déterminèrent à publier les brochures que Forbonnais avait mises chez eux en dépôt, dont nous avons donné la liste plus haut, et quelques autres encore, notamment : *Essai sur l'admission de navires neutres dans les colonies. — Examen des prétendus inconvénients de commercer en grand sans déroger à la noblesse.*

L'étude approfondie que Forbonnais avait faite des monnaies, les connaissances très étendues qu'il y avait acquises, l'avaient fait charger, dès 1755, de sonder le désordre affreux de leur administration [1]. Pour le récompenser de ses premiers travaux et lui donner l'autorité nécessaire, on créa pour lui, en 1756, la place d'inspecteur général des monnaies de France ; mais le plan de refonte qu'il proposa à cette époque ne fut réalisé qu'en 1771 [2].

Recherches et considérations sur les finances de la France. — Quelque temps après, ayant à sa disposition la bibliothèque de la maison de Noailles, très riche en mémoires sur l'administration, il conçut et exécuta le projet de son principal ouvrage, qui a pour titre : *Recherches et considérations sur les Finances de France* depuis 1595 jusqu'en 1721 [3].

Au début de cet ouvrage, Forbonnais rec-

[1] *Éloge historique*, p. 5.

[2] Il avait rédigé cent cinquante-deux mémoires sur les monnaies. *Vie littéraire*, p. 25.

[3] *Idem*, p. 43.

tifie les idées qu'on s'était faites, en France, sur l'ignorance de nos pères en matière économique. Il revendique pour notre nation l'honneur d'avoir eu, la première, de bonnes lois; mais il ajoute, « et peut-être la honte » de les avoir mal exécutées.

« Les principes qui en étaient la base ne furent cependant pas oubliés, puisque le vœu général de la nation assemblée réclama deux fois, au commencement du siècle dernier, leur application. Le malheur des temps les avait fait négliger

« Désabusés, par une longue suite de succès et de vicissitudes, de l'esprit de conquête qui les avait d'abord séduits, les peuples ont cherché, en faisant appel au commerce, à conserver la situation qu'ils avaient acquise, ainsi que la supériorité que leur donnait l'étendue de leur domaine. Dans cette nouvelle voie, l'envie et la crainte ont fait place à la confiance et au respect, avec l'espoir d'y trouver, en même temps que la richesse et l'abondance, une nouvelle gloire plus solide, parce qu'elle sera fondée sur le bonheur des peuples; et alors les esprits se sont tournés vers la recherche des conditions les meilleures pour l'administration des sociétés. »

Forbonnais est convaincu « que, pour les réaliser, un plan est nécessaire ; que ce plan doit reposer sur des principes certains ou crus tels ». Il est bien loin d'avoir la prétention de le présenter. Mais, dans la pensée d'être utile à l'étude qui doit en être faite, il a réuni tout ce qu'il a été possible de connaître sur les opérations des finances de 1595 à 1721, et a cherché quel a été l'esprit de chaque ministre ainsi que le bien ou le mal qu'il a produit.

« Par là on verra, dit-il, que les principes ne sont pas arbitraires; que l'état des finances ne peut être heureux, ni pour la France, ni pour les autres peuples, s'il n'est établi dans l'État un bon système pour le suivre imperturbablement jusqu'à son entière exécution, quelque éloignée qu'elle puisse paraître. »

Il estime que la science des finances se compose de trois parties principales :

« La connaissance des sources — la perception, — la distribution des revenus.

« Le peuple ne peut payer qu'en proportion de ses facultés. Dès lors, il faut savoir d'où viennent ses facultés, si elles peuvent être augmentées. Quels en sont les moyens ?

« Les richesses étant inégalement réparties parmi les classes de la nation, leur manière de vivre, la nature de leurs biens étant différentes, se posent les questions suivantes :

« Quelle est la portion dont chacune doit contribuer aux charges publiques ? Quels sont les moyens de l'exiger les plus conformes à la justice distributive ; les plus convenables à la conservation des sources, les plus sûrs, les moins dispendieux pour les contribuables ? »

Le peuple paie en raison des besoins publics ; quelle méthode est la plus propre à faire jouir avantageusement la société des sommes levées pour son maintien, pour répondre exactement à chaque objet de dépense ?

Tels sont les points sur lesquels Forbonnais appelle la méditation des hommes d'État, et provoque les réflexions du lecteur, en faisant passer [1] sous ses yeux les faits dans l'ordre où ils se présentent.

Tout en reconnaissant que c'est à François Ier que remonte l'origine de notre histoire financière, de même que l'histoire de nos intérêts politiques au dehors, Forbonnais n'a pas voulu porter ses recherches plus haut que le commencement du règne d'Henri IV. Il lui a paru que les temps qui l'ont précédé ont été trop troublés, pour que l'on y trouve des faits assez précis pouvant jeter une lumière suffisante sur l'administration de l'époque.

[1] L'examen des nombreux documents qu'a recueillis Forbonnais ne pourrait trouver place dans le cadre que nous avons adopté.

Nous avons pensé qu'on aurait une idée de l'intérêt que pourrait offrir un pareil travail, en faisant connaître, dans un appendice, avec les observations de l'auteur des *Recherches*, les principales mesures qui ont marqué successivement l'administration de Sully, de Richelieu, de Mazarin et de Colbert.

Son ouvrage est divisé en cinq parties ou cinq époques :

La première commence à 1595, et finit en 1610, à la mort d'Henri IV. C'est le temps où M. de Sully fut chargé de la surintendance des finances.

La deuxième s'étend, de 1610 à 1661, c'est-à-dire à l'entrée de M. Colbert au ministère.

La troisième est remplie par l'administration de ce grand ministre qui mourut en 1683.

La quatrième a pour point de départ l'entrée aux affaires de M. Le Pelletier, et finit en 1715 à la mort de Louis XIV.

La cinquième est consacrée aux mesures prises, pendant les 28 premiers mois de la Régence, pour retirer l'État des circonstances déplorables où il était réduit, et se termine par une vue générale du système des finances de M. Law.

Les recherches et les considérations sur les

finances de la France eurent un grand et légitime succès.

Imprimé d'abord, sans nom d'auteur, à la fois à Bâle et à Liège, l'ouvrage fut attribué à différents écrivains; mais le secret ne put être longtemps gardé, et l'accueil que fit le public au nom de Forbonnais mit le sceau à sa réputation.

Tous ceux qui ont voulu étudier sérieusement l'histoire de nos finances y ont trouvé, classés, dans le plus grand ordre, une abondance de documents du plus haut intérêt Thomas, notamment, y a puisé les éléments de l'éloge de Sully. Il disait à de Salles : « Forbonnais a sculpté sa statue, et moi, avec un peu d'enthousiasme, je l'ai vivifiée [1]. »

C'est aux *Recherches* de Forbonnais que M. Vuitry, président du Conseil d'État sous l'Empire, a fait de nombreux emprunts pour écrire son savant et très intéressant livre : *Sur le désordre des finances et les abus de la*

[1] *Vie littéraire*, p. .

spéculation, à la fin du règne de Louis XIV et au commencement du règne de Louis XV.

Ainsi que le dit l'auteur, « le fait général qui se dégage le plus nettement du désordre financier de la fin du règne de Louis XIV, comme de la crise qui troubla le commencement du règne de Louis XV, c'est qu'à cette époque, le gouvernement ne se crut pas tenu de remplir les obligations résultant des contrats qu'il avait consentis. Le principe du respect des engagements de l'État n'était pas encore entré dans le droit public financier.

« Il en est autrement aujourd'hui, depuis qu'en 1814 un ministre des Finances[1], homme d'État, triomphant de passions ardentes, mais respectables, non seulement a fait reconnaître par la Restauration les dettes de l'Empire, mais a obtenu qu'elles fussent payées en valeurs réelles et sincères. L'État, en France, a toujours scrupuleusement rempli ses engagements financiers; dans nos révolutions si fré-

[1] Le baron Louis.

quentes, jamais le gouvernement nouveau ne s'est dérobé au devoir d'acquitter les dettes liquidées ou non liquidées du gouvernement qu'il remplaçait. Les engagements de l'État sont aujourd'hui protégés par la conscience publique et la solidarité générale. »

DEUXIÈME PARTIE

Vie administrative de Forbonnais.

Mis plus que jamais en évidence par les nombreux et justes éloges que le public accordait à ses ouvrages, Forbonnais semblait désigné par ses hautes qualités et ses vastes connaissances à un poste éleve dans l'Administration; mais il se tint constamment à l'écart, sans refuser néanmoins les études que lui demandaient certains ministres.

Le duc de Choiseul, à son avènement au ministère, en 1758, voulut l'attacher aux affaires étrangères; n'ayant pu l'y déterminer, il lui demanda « de s'occuper d'un système de commerce, et de faire des notes sur tous nos traités afin d'établir des principes uniformes ».

Le ministre Berrier, qui était son parent, lui témoigna la même confiance [1].

Forbonnais soumit à l'un et à l'autre un projet, d'après lequel les denrées étrangères, portées par les navires de la nation qui les produisait, seraient admises sur le même pied que si elles étaient apportées par nos vaisseaux, mais en payant un droit de douane double ou triple suivant les objets [2].

Il disait « qu'il serait déplacé à la cour de Louis XV », ce qui n'empêcha pas ce monarque de lui donner, de son propre mouvement, une pension de 5,000 livres, en y mettant la condition qu'il ne refuserait jamais ses lumières au gouvernement. (Cette pension lui fut continuée par Louis XVI).

L'appel du gouvernement ne tarda pas à se produire.

En 1758, alors que commençaient pour la France les désastres de la guerre de sept ans, après que notre armée avait été anéantie,

[1] *Éloge historique*, p. 6.
[2] *Idem*, p. 7.

l'état des finances était devenu tout à fait effrayant; on se trouvait en présence d'un déficit de 133 millions. En outre, plus de 100 millions étaient mangés d'avance sur le produit des impositions, et plus de 150 millions étaient dus aux receveurs et aux fermiers généraux pour les années antérieures. Les emprunts, si séduisante qu'en fût la forme, si élevé qu'en fût l'intérêt, ne trouvaient pas de preneurs. D'un autre côté, on ne pouvait augmenter ni la taille, ni les aides sans pousser le peuple au désespoir.

Le contrôleur général Boulogne était à bout[1]; on le remplaça (mars 1750), par un homme à expédients, M. de Silhouette, sur lequel on fondait de grandes espérances. « C'était, dit son biographe[2], l'auteur de plusieurs ouvrages médiocres, qui s'était acquis dans les salons la réputation d'un penseur, d'un homme à idées. Protégé par le

[1] Henri Martin, t. XV, p. 558.

[2] Pierre Clément. Alfred Lemoine né de Silhouette, p. 34.

maréchal de Belle-Isle, il avait un pied dans le cabinet de Mme de Pompadour. »

A ce moment, Forbonnais se trouvait employé par trois ministères : la guerre, les affaires étrangères et la marine. Silhouette, qui ne le connaissait que de réputation, lui offrit la place de premier commis du ministère des Finances. Forbonnais refusa mais consentit à travailler en secret aux premières opérations qui pouvaient aider à entrer en campagne sur terre et sur mer; il ne restait, en ce moment, que 1500 mille francs au Trésor!

Forbonnais rapporta les projets d'édits, huit jours après qu'ils lui avaient été demandés. Le ministre fut si satisfait que ses insistances redoublèrent. Le duc de Choiseul et Berrier se joignirent à lui. Les projets furent soumis au Conseil. Silhouette ne cacha pas au Roi, qu'il avait été aidé par un homme devenu indispensable à son département, et les instances se convertirent en un ordre.

Forbonnais céda enfin, avec la promesse de

n'avoir pas à traiter avec le public, et sous la condition qu'il aurait le simple titre de *garde du dépôt du contrôle général des Finances* [1].

Les mesures, par lesquelles Silhouette inaugura son ministère, consistaient en deux déclarations et trois arrêts du Conseil.

La première déclaration supendait, pendant toute la durée de la guerre, les immunités de taille, dont jouissaient les titulaires d'office, les officiers des cours et compagnies, les bourgeois de Paris et de Lyon.

La seconde annulait une grande quantité de dons et de pensions « obtenus, disait-elle, sans titres légitimes. »

Le premier arrêt supprimait les pensions, dons gratuits et parts d'intérêt abusifs, dont les fermes étaient chargées, et décidait qu'à partir du 1er avril les fermiers et leurs cautions seraient tenus de payer au roi, indépendamment du prix de leurs baux, la moitié des bénéfices, émoluments des fermes, dé-

[1] *Éloge historique*, p. 7.

duction faite de l'intérêt à 5 p. 100 des fonds avancés.

Le second arrêt instituait quatre commissaires pour surveiller les opérations de la ferme générale, et constater ses bénéfices, au point de vue du droit de partage désormais attribués au roi.

Un dernier arrêt, le plus important des trois, créait 72,000 actions de mille livres, portant intérêt à 5 p. 100, avec attribution aux actionnaires de la moitié du bénéfice que le roi s'était réservé sur la ferme générale.

Cette dernière opération, qui violait des engagements fermes, eut un immense succès. Les actions furent immédiatement souscrites, et procurèrent sans impôts, sans contrainte, du jour au lendemain, 72 millions au Trésor, en même temps qu'elles constituaient, au profit des souscripteurs, un placement à 7 1/2 p. 100.

Les fermiers se virent ainsi débarrassés d'une foule de pensions et d'intérêts gratuits, dont la faveur et l'intrigue les avaient chargés.

Tout en faisant cette remarque[1], Henri Martin n'en qualifie pas moins la mesure de banqueroute faite par l'État aux fermiers. Il ajoute, « que l'opinion publique n'était pas disposée à prendre parti pour ces publicains, enrichis de la dépouille des populations, et dont le luxe offrait un contraste si frappant avec la détresse des provinces. »

Le mode d'emprunt des 72 millions a été diversement jugé. Silhouette fit répandre dans le public, comme réponse aux *mécontents*, une lettre imprimée, censée écrite par un banquier à son correspondant de province. Cette lettre est attribuée à Forbonnais. L'idée de l'emprunt serait-elle de lui? Ce qui est certain, c'est que, contrairement à l'assertion de l'auteur de la notice sur Silhouette[2], il n'en est fait aucune mention, ni dans l'*Éloge historique*, ni dans la *Vie littéraire*.

Malgré les plaintes de ceux qu'avaient

[1] Tome XV, p. 559.

[2] *Études sur les Finances du XVIIIe siècle*, 1872. Didot, éditeur, p. 48.

atteints la déclaration et les édits du 1er août 1759, le public applaudit aux mesures prises; et « le nom de Silhouette vola de bouche en bouche. Mais le ministre ne fut pas aveuglé par un succès qui dépassait ses espérances. »

La détresse du Trésor n'en resta pas moins très grave. Silhouette, à bout d'expédients, après avoir suspendu tous les paiements, sauf ceux des rentes [1], n'ayant plus l'appui de la favorite, dont il n'avait pu satisfaire les exigences, donna sa démission en novembre 1759, après un ministère de huit mois.

Forbonnais, qui avait eu sa part d'impopularité à la suite des mesures frappant les financiers, les privilégiés, les fonctionnaires, n'avait pas attendu la chute de son ministre pour se retirer. Sa situation, du reste, était devenue difficile, son mérite portait ombrage. Mme de Silhouette n'obtenait pas de lui ce que réclamaient ses protégés et s'en était plainte à son mari. Elle attaqua celui-ci par

[1] Henri Martin, t. XV, p. 162.

son amour-propre, en lui répétant que Paris ne parlait que de son second. Elle parvint bientôt à refroidir l'intimité qui existait entre les deux hommes [1]. On a dit que Silhouette avait renvoyé Forbonnais pour cause d'indiscrétion. Rien de semblable n'est établi ; ce qui est plus probable, c'est un désaccord entre eux. Le prétexte, dit l'auteur de l'*Éloge historique*, le rejet d'un projet de papier, qui ne pouvait obtenir de crédit, ni faire d'autre effet que d'enrichir la cour.

« Ce qu'il y eut de singulier, ajoute-t-il, à cette occasion, c'est que le duc de Choiseul contribua, plus que personne, à la rupture, pour se venger de ce qu'on s'était attaché à une autre fortune que la sienne. Il en a fait depuis l'aveu à Forbonnais [2]. »

Celui-ci ne cacha pas son mécontentement

[1] Tout ce qui avait été fait ou tenté de bon, sous le ministère de Silhouette, appartenait moins à ce contrôleur général qu'au chef de ses bureaux, au savant et patriote auteur des *Recherches sur les Finances de la France*. Henri Martin, t. XV, p. 562.

[2] *Éloge historique*, p. 9.

et ses appréhensions. Il se plaignit de ce que, dans la crise que subissait l'État, on ne voulait que « suivre des sentiers battus, ne rien innover ». Il prédit, dès ce moment, la nécessité « d'une révolution », passa pour une tête exaltée et se retira à la campagne.

Il aurait pu remplacer Silhouette au contrôle général, mais sa probité, son caractère, sa franchise étaient un obstacle à ce qu'on pût obtenir de lui de sacrifier, en quoi que ce soit, ce qu'il considérait comme juste et nécessaire dans l'intérêt du peuple.

Pendant son passage au contrôle général, malgré les dispositions qu'il avait prises pour éloigner de lui les solliciteurs, un receveur général vint lui apporter un mémoire et laissa tomber, comme par mégarde, sur son bureau, un billet des fermes de 50,000 francs. Forbonnais feignit d'abord d'attribuer le fait au hasard; mais le financier lui ayant répondu qu'il était venu au nom de sa Compagnie lui présenter un faible honoraire, fut immédiatement éconduit, et dut emporter son argent avec son mémoire « qui doit être bien mauvais, lui dit Forbonnais, pour qu'on y mette un si haut prix [1] ».

L'événement fut immédiatement rapporté à la marquise de Pompadour, intéressée, paraît-il, dans l'affaire qui faisait l'objet du mémoire, et qui se promit de s'en venger.

Borné, après sa retraite, à son inspection des monnaies, il ne laissa pas cependant échapper les occasions où il pouvait être utile à l'État.

En 1760 [2], il avertit le duc de Choiseul que tout s'écroulait, qu'il fallait faire la part du feu, qu'il était encore temps : il proposa un projet de traité de paix, qui pouvait séduire l'ambition anglaise en nous conservant des ressources [3].

On le chargea de rédiger les actes et les plans, de donner la solution d'un grand

[1] *Vie littéraire*, p. 66.

[2] *Éloge historique*, p. 9.

[3] Ce plan fut tellement accueilli, que M. Fuentes, ambassadeur d'Espagne, appelé aux conférences, offrit, de la part de sa cour, une médiation armée.

nombre de questions sur la pêche, sur les moyens de l'augmenter, sur les cessions qu'on se déterminerait à faire, etc. On alla jusqu'à lui demander s'il accepterait d'être plénipotentiaire. Mais, son travail étant fini, il écrivit pour un rendez-vous et ne reçut aucune réponse.

Effrayé d'être le dépositaire d'un secret de l'État, pour ne pas compromettre sa liberté, il disparut en allant dans une verrerie située en Bourgogne, où il avait des intérêts,

A son retour, craignant toujours d'être en butte au mauvais vouloir de la cour et de donner de l'ombrage, soit aux ministres, soit aux financiers, il voulut s'ouvrir une nouvelle carrière, en achetant un office de conseiller au parlement de Metz. Mais il ne put se désintéresser pour cela des questions qui n'avaient cessé de le préoccuper.

Devenu privilégié par l'acquisition de sa charge de conseiller au Parlement de Metz, mais ne voulant pas user du droit qui en résultait pour lui de se soustraire à l'impôt de la taille, il proposa aux habitants de Champaissant, où était située sa terre, « de secouer le régime de l'arbitraire de la taille et de se cadastrer pour éviter les estimations arbitraires du fisc en matière d'impôt ». Le Pelletier de la Sarthe dit à ce sujet : « Judicieuse idée qui fut peut-être ultérieurement le principe de cette opération pour toute la France. » Son plan fut adopté, et, par acte du 30 septembre 1764, il renonça à exerçer aucun privilège d'exploitation dans son domaine, tant que la taille subsisterait sans arbitraire. Il eut la satisfaction de voir un grand nombre de communes suivre l'exemple donné par la commune de Champaissant [1].

Après la fin de la guerre de sept ans (traité de Paris du 10 février 1763), Forbonnais fut consulté par le duc de Choiseul, en même temps que le Parlement, les Chambres de la Cour des aides, sur les moyens de perfectionner et de simplifier les finances[2]. Il présenta

[1] *Éloge historique*, p. 11.
[2] Henri Martin, t. XVI, p. 229.

au duc un plan de réformation générale des finances en 130 articles. Ce plan fut discuté en présence du duc de Praslin. Le parti de l'opposition du Parlement, consulté, approuva l'esprit du travail, et promit qu'on le recevrait avec joie. On demanda à Forbonnais ce qu'il fallait faire de l'ouvrage : « Rien pour le moment, répondit-il, mais se mettre en état d'apporter le remède à l'instant où le coche versera; se déterminer à fortifier le ministère des finances par le titre et le pouvoir du surintendant : Qu'il ait du caractère, qu'il appelle de bons ouvriers et défende l'entrée du vestibule pendant qu'on réparera l'intérieur[1]. »

Ce conseil ne fut pas suivi : le duc s'était servi du plan pour harceler Bertin, le contrôleur des Finances. Bertin fut averti par un membre du comité de l'opposition. La Pompadour devint furieuse; les deux ducs en furent ébranlés, et Choiseul fut obligé d'ordonner, de la part du Roi, à Forbonnais d'aller à sa terre.

[1] *Eloge historique*, p. 11.

Il obtint son rappel au bout de six semaines, mais ses patrons n'osèrent le voir, tout en lui promettant, d'ailleurs, au besoin, aide et protection[1].

Nous avons emprunté à l'*Éloge historique* le récit de ce qui a accompagné et suivi la chute de Silhouette. Mais la disparition momentanée de Forbonnais est attribuée à une autre cause par l'auteur de la *Vie littéraire*. Voici sa version[2] :

Le grand dauphin, père de Louis XVI, avait lu les deux principaux ouvrages de Forbonnais, les *Éléments du commerce* et les *Recherches et les considérations sur les finances françaises*, et il en avait conçu pour leur auteur l'estime la plus profonde. Il voulut se l'attacher sous le titre de lecteur. Forbonnais refusa. Le prince lui demanda alors des mémoires sur toutes les grandes questions d'administration. Forbonnais mit le plus grand empressement à répondre à cette demande. Il

[1] *Éloge historique*, p. 11.
[2] *Vie littéraire*, p. 68.

avait fait, entre autres, pour l'instruction du dauphin, un projet d'édit en 133 articles, qui établissait un impôt unique et supprimait les trois quarts des frais de perception. « Il n'y avait qu'une seule copie de l'ouvrage, qui était entre les mains du dauphin. » Cependant le secret transpira : on vint dire à Silhouette que le philosophe voulait le supplanter dans le ministère. Forbonnais, ne doutant pas de la malveillance de ses ennemis, court chez le prince qui le protégeait, et lui témoigne sa surprise de ce que, d'un écrit fait pour lui seul, et dont lui seul était dépositaire, pût naître une pareille tempête. Le dauphin lui répondit avec émotion « qu'il était dans le palais de son père, le premier de ses esclaves, et qu'il ne répondait pas des doubles clefs ». « Cependant, ajouta-t-il en lui serrant la main, dérobez-vous un moment à tous les regards; faites-vous oublier de vos ennemis. Moi je veillerai d'ici sur vos destinées, et je ne vous oublierai jamais. »

Les amis de la favorite s'attendaient à le

voir conduire à la Bastille; mais Louis XV ne donna à Forbonnais, ni une lettre de cachet, ni le ministère que quittait Silhouette.

La lutte avec les physiocrates recommença, au sujet de la question des grains, une de celles qui ont le plus occupé le dix-huitième siècle.

Dans ses *Éléments du commerce* publiés en 1754, Forbonnais avait cité l'exemple de l'Angleterre qui, en 1689, avait favorisé l'exportation des grains par des primes et accordé à l'importation une liberté limitée. A partir de ces mesures, disait-il, les chances de disettes disparurent, bien que l'exportation des grains fût devenue considérable.

C'est en vue d'obtenir un pareil résultat pour la France qu'il demandait la libre circulation du blé entre les provinces, la création de magasins destinés à le conserver, la liberté d'entrée et de sortie dans des conditions analogues à celles de l'Angleterre, la fixation d'un prix de sortie, etc.

Le vœu de Forbonnais, qui était aussi celui des physiocrates, fut réalisé dans cette même année 1754 pour deux provinces : la généralité du Languedoc et celle d'Auch[1].

En 1758, un arrêt du Conseil avait permis le commerce et la circulation des laines, tant nationales qu'étrangères, dans tout le royaume, *sans droit d'entrée ni de sortie.*

Le 23 mai 1763, la permission de libre circulation des grains à l'intérieur fut renouvelée, avec permission de former des magasins.

Enfin, un édit du 17 juillet 1764 accorda la pleine liberté d'exportation par navires français et d'importation par tous navires, avec un droit d'un pour cent à l'importation, d'un demi pour cent à l'exportation. Celle-ci devait être suspendue sur tous les points du territoire, où le blé aurait été, durant trois marchés, à 12 livres dix sous le quintal.

Les économistes avaient fait de tels progrès

[1] Henri Martin, t. XVI, p. 233.

qu'ils faillirent emporter la liberté du commerce pour les colonies, c'est-à-dire le remaniement du système colonial.

Les années abondantes, qui avaient peut-être sauvé la France dans les dernières années de la guerre de sept ans, s'étaient reproduites en 1765 et 1766. Mais, à partir de 1767, la situation devint toute autre [1] : de mauvaises récoltes amenèrent la cherté; le peuple s'en prit à l'exportation. Des troubles graves remuèrent la Normandie, dans le premier mois de 1768. Dès le 5 mai de la même année, le Parlement de Rouen avait supplié le Roi de suspendre la liberté d'exportation, si ardemment sollicitée auparavant. Des poursuites furent ordonnées, contre les agents qui achetaient le blé dans le grenier, contrairement aux édits qui défendaient de le vendre ailleurs qu'aux marchés. Un ordre exprès du Roi arrêta les poursuites. La cherté devint *disette;* le Parlement de Paris soumit à son

[1] Henri Martin, t. XVI, 291.

tour et rendit un arrêt qui fut cassé par le Conseil.

« La réaction antiéconomiste avait passé du peuple dans le monde parlementaire. Les prétentions des disciples de Quesnay, l'évidence attribuée par eux à certains principes très contestables, la forme trop souvent obscure de leurs aphorismes avaient choqué les écrivains de l'*Encyclopédie;* et, avant eux, le patriarche de Ferney, Voltaire, les avait raillés dans l'homme aux quarante écus.

Ce fut le moment où Forbonnais publia un nouvel ouvrage sous le titre : *Principes et observations économiques* [1].

[1] Henri Martin, t. XVI, 295, l'apprécie ainsi : « Le patriote Forbonnais, sans être l'ennemi de la liberté industrielle et commerciale, avait critiqué, au point de vue pratique, les théoriciens cosmopolites qui lui paraissaient compromettre l'existence de la marine et des colonies. »

TROISIÈME PARTIE

Principes et observations économiques.

Cet ouvrage est divisé en quatre parties :

1° Principes et observations économiques;
2° Tableau économique;
3° Observations sur l'Encyclopédie;
4° Précis historique sur le cadastre du duché de Milan.

Dans l'avant-propos qui précède l'ouvrage, l'auteur attribue le sort de la science économique, dans la crise qu'elle traverse, à la prétention de sa fausse philosophie, de *tout généraliser*, et au *dédain* qu'elle affecte pour l'*observation des faits*.

« Jamais, dit-il, les matières qui lui appartiennent n'ont été tant agitées et peut-être jamais ne fut-on plus loin d'un résultat pratique sur les questions essentielles de l'économie politique.

. . . .

« Les métaphysiciens imbus de leurs sublimités se pressent tous de prétendre orgueilleusement que : le monde peut être gouverné par des syllogismes; c'est ce qu'on appelle voir les choses en grand. »

Le passage suivant indique que c'est la doctrine de Quesnay et de ses disciples qu'il critique ainsi.

« En général, lorsque dans un temps où plusieurs nations se sont enlacées mutuellement, un seul homme produit des opinions extraordinaires, et les appuie sur des vérités métaphysiques également reçues de tous, il est de la prudence, avant d'engager sa croyance, de bien examiner, si quelque abus de mots n'est pas le foyer de ses explosions systématiques.

« C'est un écueil difficile à subir par ceux qui entreprennent des théories, sans aucun égard aux faits et à la pratique qui constituent les vérités locales... »

Après avoir dit « que depuis quelques années, sur plusieurs points de fait essentiels, les opinions dominantes tombaient dans une exagération fâcheuse, il ajoute : « C'est faire injure à la vérité et aux bons citoyens, que de justifier le dessein de réduire les choses à un terme plus modéré, *Est modus in rebus* », c'est l'épigraphe mise en tête de l'ouvrage.

Tels sont les motifs qui lui ont fait reconnaître la nécessité, de faire précéder ses observations, sur tous les abus qu'il signale, de *quelques principes et observations*.

Ce sont ces *principes* qui font l'objet de la première partie : Nous chercherons à les exposer en termes précis, le plus brièvement possible.

I

PRINCIPES ET OBSERVATIONS ÉCONOMIQUES

Forbonnais définit ainsi la société: Une réunion de plusieurs familles, dont les chefs s'engagent pour eux et pour les leurs à garantir réciproquement leurs propriétés de la violence du dedans et à les défendre contre les ennemis du dehors. Ainsi, nulle société sans propriété.

« L'auteur appelle : *Richesse primitive*, ou naturelle, tout fonds qui produit un revenu à son possesseur ;

« *Richesses secondaires*, ou artificielles, les biens qui ne sont que la suite de la richesse primitive ;

« *Richesse conventionnelle*, l'argent, moyen terme convenu pour l'évaluation des échanges, qui ne peut produire un revenu que par fiction.

« Le revenu de la terre est le revenu primitif, et les autres revenus ne sont que secondaires. »

Il considère : « Le besoin de la denrée comme la cause immédiate du travail et de la production, et la consommation comme la récompense du travail qui produit. Elle règle le niveau de la production, mais il faut que celui qui produit y trouve une utilité.

« L'utilité résulte d'un excédent obtenu au delà de ce qui a été avancé par le producteur.

« Ce qui excède la consommation personnelle et nécessaire est appelée *superflu*. Ce superflu n'est utile à son possesseur qu'autant qu'il peut être échangé.

« Les communications réciproques, que nécessite cet échange, constituent le commerce ou la *circulation*, soit au dedans du pays, soit au dehors. »

Forbonnais distingue : « la circulation simple et la circulation composée, celle où intervient l'argent. »

Il passe successivement en revue les effets de chacune d'elles, au point de vue de la production des denrées, de leur valeur et de leur prêt, de la population, du commerce étranger, de la navigation, du service public et du revenu national.

Ce qui suit s'applique à l'une et à l'autre. Dans les paragraphes suivants, nous avons cherché à rendre la pensée de l'auteur : ce qui est entre guillemets lui est emprunté.

« L'ordre des besoins règle l'ordre de la production.

« La culture ne pouvant avoir lieu sans instruments, il y a un rapport de *nécessité* entre la culture et l'industrie.

« Toute terre n'est pas capable de produire tous les fruits, il y a également un rapport nécessaire d'échange entre les propriétaires des différentes productions.

« L'application des hommes se portera de

préférence à la production de ce qui leur est le plus nécessaire. »

Ils tendent à obtenir un excédent de denrées à leurs besoins et à leur avance. « Ce superflu sert à donner naissance à des cultures ou productions de second, de troisième ordre, etc.; et à mesure que ce superflu est plus considérable, il produit ce qui peut rendre l'existence plus commode, plus agréable, et même les inutilités, les caprices du goût, ce qui constitue le luxe. »

Le besoin d'utilité, de commodité et de plaisir établit une règle de compensation entre les différentes espèces de denrées; dont la base immuable est d'assurer la subsistance de celui qui produit, c'est-à-dire l'utilité qu'en retire le travailleur.

Des rapports nécessaires existent entre la production, la consommation et la population. « La prospérité d'une société consiste dans la juste proportion de ces rapports. »

Si cette société n'est pas isolée, il s'établira entre elle et les autres sociétés des avantages, pour la facilité desquels seront créés des dépôts ou entrepôts de denrées qu'elles produisent plus particulièrement.

« A cet égard, la société n'a rien de mieux à faire que de suivre le vœu de la nature, c'est-à-dire d'agir en raison du climat et de la fertilité des terres. »

« L'objet capital d'un peuple étant de se revêtir de tous les moyens de puissance dont il est susceptible, ce qu'il doit chercher, c'est d'arriver directement ou indirectement à la plus grande consommation possible du produit de ses terres, ainsi qu'au rapport le plus exact entre sa population active et sa production territoriale. »

« C'est pour donner aux propriétaires de nouveaux motifs de produire que différentes sociétés ont établi des colonies sous des climats différents du leur. Elles en retirent des denrées nouvelles qu'elles échangent avec leurs denrées territoriales et produits de main-d'œuvre. Le superflu de leur consommation passe à l'étranger qui en a besoin, et qui se procure ainsi une production qu'il n'aurait pas pu ou voulu faire par lui-même.

« Les échanges des sociétés au dedans et au dehors exigent, pour celles qui habitent le littoral ou les îles, un transport par mer ; aussi la navigation a-t-elle un rapport nécessaire avec le commerce intérieur et extérieur, dans une contrée maritime.

« L'ordre naturel établit la liberté de la navigation entre les nations pour l'échange direct de leurs propres productions.

« L'ordre naturel et politique exige encore qu'une société ait une marine, et que la navigation de ses ports ainsi que la pêche en soient la base.

« Toute société a besoin de magistrats pour maintenir l'ordre et la paix entre les citoyens, pour assurer la conservation de la propriété et des bonnes mœurs. Il lui faut des hommes exercés à manier les armes pour la défense en cas d'attaque de l'ennemi ; des places fortes, pour prévenir une irruption soudaine ; des vaisseaux pour défendre ses côtes, des colonies pour protéger la navigation. »

L'ensemble constitue le service public; la société doit pourvoir à ses besoins.

Forbonnais indique pour cela trois moyens:

« Ou bien, chaque chef de famille sera obligé de fournir une portion de denrées, ce qui constitue l'impôt personnel.

« Ou bien chaque consommateur sera obligé de fournir une portion de denrées sur celles qu'il consomme, ce qui constitue l'impôt de consommation.

« Ou bien une portion des fruits de la terre sera perçue sur le propriétaire, ce qui constitue l'impôt territorial. »

L'auteur discute les inconvénients et les avantages de chacun de ces impôts, et estime qu'il est nécessaire de combiner l'impôt territorial avec l'impôt de consommation, de manière que le montant total n'excède pas le rapport qui doit être maintenu entre le service public et le revenu national. Il repousse

« l'impôt personnel comme injuste, s'il est égal d'homme à homme, et comme donnant lieu à l'arbitraire, si on prétend l'établir proportionnellement au produit du travail ».

Passant à la *circulation composée*, celle où intervient *l'argent*, Forbonnais fait remarquer d'abord, que par le mot *argent* on entend les métaux précieux, que leurs propriétés physiques ont fait choisir pour représenter les denrées. Leur rareté, leur divisibilité les rendent propres à être gardés, comptés et transportés commodément.

Ils servent de monnaie, mais, par fiction, ils acquièrent la qualité d'immeuble. L'argent, comme les denrées, peut se prêter et produire ainsi un revenu à son possesseur. Ce revenu s'appelle l'intérêt de l'argent.

« L'argent, en raison de sa double fonction, peut être considéré comme le vrai moteur de la puissance.

« L'intervention de l'argent dans la circulation n'a rien pu changer à l'ordre des besoins essentiels qui règlent l'ordre de la production. Il n'a rien pu changer non plus à la distribution qui se fait entre les hommes des différents travaux.

« Le revenu consiste toujours essentiellement dans un excédent de production au delà des avances ; et le superflu au delà de la subsistance, reste la cause première des ouvrages utiles, commodes, agréables, ainsi que des ouvrages inutiles, ou de luxe.

« Toute la différence consiste dans la marche et dans le mode d'échange.

« Ce qu'il importe beaucoup, c'est que la quantité de métaux qui a été une fois affectée à la circulation des denrées ne quitte plus cet emploi ; car la portion de monnaie, donnée en échange d'une certaine quantité de denrées, peut être considérée, au bout d'un certain temps, comme réglée par un contrat tacite de la société vis-à-vis des hommes qui travaillent et qui produisent.

« C'est sur cette convention que s'établit la proportion des salaires, et c'est sur la proportion des salaires que celle des travailleurs se détermine.

« Lors donc que les denrées produites n'ont pu attirer le fond ordinaire de monnaie destiné à payer les salaires, il en résulte la nécessité de diminuer la quantité d'hommes employés ou de diminuer les salaires.

« La population active étant la seule désirable, et la population ne pouvant être active qu'autant que la production est utile, il est clair que l'influence de l'argent s'étend à la population. C'est en ce sens qu'il est vrai de dire que l'argent attire les hommes, en augmentant le profit et l'abondance du travail.

« L'abondance du travail multiplie les mariages, les rend plus féconds, tire de l'oisiveté les pauvres d'une nation ; et même ceux de tous les pays appartiennent au peuple qui consent à les salarier.

« L'intervention de l'argent dans la circulation n'a pu évidemment changer l'essence du commerce, mais il met un peuple, qui n'a point de denrées à échanger, dans le cas de commercer avec les autres peuples.

« Production territoriale de deux nations, l'argent ne fait que passer entre leurs mains, pour aller à celles qui ont su l'attirer par le développement de leur industrie, de leur commerce. La guerre consomme en peu d'années l'argent que la paix avait recueilli, et c'est ainsi qu'arrive aux nations pauvres l'argent des nations riches. Où va cet argent, produit du commerce étranger, si ce n'est aux propriétaires de la terre, dont les productions ont été converties en denrées des colonies et en des ouvrages de manufactures?

« Cette conversion est évidemment le soutien et l'aliment d'une partie de notre culture, tant que nos terres fourniront à notre subsistance.

« Ce serait donc un raisonnement très faux, d'attribuer aux colonies et aux manufactures le défaut de culture d'une partie de nos terres. Lorsque l'expérience aura succédé aux spéculations des *agricoles* de cabinet, peut-être reconnaîtra-t-on qu'il y a de grandes exagérations sur cette matière, des mesures mal prises, des fraudes pieuses et des conseils très ruineux. »

En attendant, « ce qu'on peut affirmer comme certain, c'est que, dans un pays susceptible d'améliorations, toute augmentation de vente, en argent, des denrées territoriales est suivie d'un accroissement de travail intérieur et de consommation de produits territoriaux.

« C'est par la certitude du résultat à attendre de l'introduction de l'argent par la vente de ces produits et des produits coloniaux, que s'explique la jalousie réciproque des sociétés, et leurs efforts pour étendre leurs avantages au delà de ce qui paraissait devoir les limiter.

« Effet très remarquable ! Les peuples plus riches en capitaux numéraires se sont créé un revenu sur la production territoriale et industrielle des peuples moins riches en argent. Ils leur ont avancé, à gros intérêt, les fonds nécessaires à la production. Par cette politique, les échanges de toutes les nations ont passé par leurs mains. Mais les yeux ont fini par se dessiller : Ils ont vu le danger de ces liaisons et de ce commerce passif. Le besoin d'indépendance politique a fait justice d'une prétendue économie qui n'existait pas. Grâce à la concurrence, les conditions se sont adoucies. Enfin, chaque nation s'est appliquée à reprendre avec suite l'activité qui lui est propre.

« Nous nous sommes attaché, dit Forbonnais, au risque même de la prolixité [1], à indiquer les changements survenus dans l'ordre naturel de la circulation. Cet ordre naturel n'a jamais pu ni dû être altéré dans son essence ; mais ses conséquences ont été modifiées par des circonstances qui intéressent la conservation de la société. »

Il ajoute : « Il ne serait pas plus raisonnable d'administrer la partie économique d'un État qui a des liaisons extérieures, que de sacrifier des hiérarchies établies par la constitution à

[1] Peut-être nous reprochera-t-on le défaut contraire — d'avoir trop abrégé en voulant condenser ?

l'idée purement philosophique de l'égalité des conditions. »

Forbonnais termine cette première partie par des notions générales sur les papiers représentant l'argent dans la circulation.

II

TABLEAU ÉCONOMIQUE

La seconde partie des *Observations économiques* est consacrée au tableau économique.

« Ce tableau, dit Forbonnais, est une espèce d'arbre généalogique, dans lequel on a entrepris d'exprimer la marche de la circulation et de la peindre aux yeux. »

L'auteur (Quesnay) avait ajouté au texte, qui ne contenait que vingt-quatre maximes générales, un grand nombre de notes, répétant en partie, ou le développant, ce qu'il avait écrit aux articles *Grains* et *Fermiers* de l'Encyclopédie, et les avait présentées, comme un extrait des *Économies royales* de M. de Sully, « soit qu'il se crût rempli de son esprit, soit qu'il voulût accréditer son ouvrage sur ce nom révéré. »

Son but « était de conduire les hommes à interdire à l'argent la fonction d'immeuble fictif »; tandis que, dans la pensée de Forbonnais, « la propriété de l'argent de devenir immeuble par fiction, a été une conséquence nécessaire de la convention qui l'a établi signe des denrées ».

Nous ne le suivrons pas dans les explications qu'il donne, en 146 pages, au sujet des quatorze subdivisions qui composent l'ouvrage de Quesnay, ni dans la réfutation en règle de ce qu'il contient : c'est aujourd'hui sans intérêt.

Nous nous bornerons à citer le jugement d'un économiste moderne [1] qui dit que Forbonnais a montré sur quelles bases fragiles reposait le système compliqué du tableau économique.

[1] M. Schelle. Voir *Dictionnaire d'Économie politique*. Forbonnais, p. 1045.

III

OBSERVATIONS SUR DIVERS POINTS DU SYSTÈME EXPOSÉ DANS LES ARTICLES GRAINS ET FERMIERS DE L'ENCYCLOPÉDIE, DANS LE PRÉTENDU EXTRAIT DES ÉCONOMIES ROYALES ET AILLEURS

Sous ce titre : *Vue générale*, Forbonnais écrit en tête de ses observations :

« L'objet général de l'auteur (Quesnay), est de prouver que ce royaume est déchu de son ancienne splendeur par l'oubli total de l'agriculture, ce qui l'a réduite au dépérissement et à l'anéantissement le plus funeste. Il en expose les effets, il en propose le remède et formule « les maximes d'un bon gouvernement. »

Le tome VII de l'*Encyclopédie* de Diderot contient, en effet, deux articles, sous les titres indiqués ci-dessus, qui attribuent au délaissement de l'agriculture et à la préférence donnée aux produits de l'industrie, les pertes qu'a subies notre commerce extérieur.

A l'article *Grains* [1], Quesnay, après avoir rappelé que « les principaux objets du commerce en France sont les grains, les vins et eaux-de-vie, le sel, les chanvres et les lins, les laines et les autres produits que fournissent les bestiaux, ajoute : « Les manufactures de toile et des étoffes communes peuvent augmenter beaucoup la valeur des chanvres, des lins et des toiles, et procurer la subsistance à beaucoup d'hommes qui pourraient être occupés à ces travaux si avantageux. Mais on s'aperçoit aujourd'hui que la production et le commerce de la plupart de ces denrées sont presque anéantis en France. Depuis longtemps, les manufactures de luxe ont séduit la nation. Nous n'avons ni la soie, ni la laine pour fabriquer de belles étoffes.

[1] *Encyclopédie*, t. VII, p. 812.

Nous nous sommes néanmoins livrés à une industrie qui nous est étrangère. Nous y avons employé une multitude d'hommes, dans un temps où le royaume se dépeuplait, où les campagnes devenaient désertes. On a fait baisser le prix du blé, afin que la main-d'œuvre de la fabrication fût à meilleur marché. Les hommes et les richesses se sont accumulés dans les villes... L'agriculture n'a pas été envisagée comme la source de nos richesses... Autrefois, avec un tiers de plus d'hommes, elle fournissait à l'étranger une partie de ses grains. En 1621, les Anglais se plaignaient de ce que la France les leur apportait à bas prix.

. . . .

« M. Colbert, trop occupé des manufactures, a cru qu'il suffisait, pour relever l'agriculture, de diminuer la taille, et de faire des avances aux cultivateurs; mais il n'a pas vu, ou il a laissé de côté, le moyen essentiel d'y parvenir : l'établissement invariable de la liberté du commerce des blés. »

L'auteur du *Tableau économique* distingue la grande et la petite culture, mais il n'est pas facile, en le lisant, de se faire une idée nette de ce qu'il appelle petite culture.

« La grande culture se définit mieux dans son système, parce qu'il n'y comprend que des fermes considérables, dont les fermiers font valoir une grande étendue de terrain avec des capitaux qu'il évalue à 10,000 livres par charrue, en assignant, à chaque charrue, 120 arpents d'exploitation. »

D'après le même auteur, la grande culture paraît être celle qui rend 100 p. 100 du produit net et la petite culture celle qui rend moins de 100 p. 100. Il estime que les 5/6 des terres cultivées sont en petite culture, et rendent un produit net en grains de 45 millions, tandis qu'un sixième en grande culture rend 31 millions.

Après avoir attribué la diminution de la récolte en blé à la gêne qu'éprouve le commerce, au défaut d'exportation, à la dépopulation, Quesnay ne voit de remède à une pareille situation que dans le développement du commerce avec l'étranger. Et, pour en faire comprendre les avantages, il formule, sous le titre de *maximes* de gouvernement économique, un certain nombre d'*aphorismes*.

Ces maximes sont loin d'être acceptées par Forbonnais. Ses *Observations économiques* ont pour objet de démontrer que la plupart ne sont rien moins que fondées. Forbonnais conteste absolument l'existence de la prétendue splendeur de l'agriculture, et les dégradations que celle-ci a subies. Il nie, notamment, l'abondance des récoltes qui aurait permis à notre blé d'envahir le marché anglais. Il rappelle que le haut prix du blé, en 1621, provoqua une déclaration qui interdisait la sortie des grains.

« L'assertion, que nous avions à cette époque un tiers d'hommes de plus, est des plus hasardée. En 1581, la population était réputée contenir 3 millions 500 mille feux. Quinze années de guerres civiles qui vinrent ensuite ne furent pas propres à l'augmenter.

« Il n'est pas vrai que M. Colbert ait avili le prix des grains pour établir des manufactures, c'est-à-dire diminuer le revenu pour augmenter le travail. Sous son ministère, qui a duré vingt ans, le grain s'est soutenu sans disette à un prix plus haut qu'il ne l'a été depuis.

« Ce que l'histoire atteste de ce grand homme, dont la mémoire est poursuivie avec tant de chaleur par l'auteur du *Tableau économique*, c'est qu'il trouva le royaume dans un grand désordre; les campagnes étaient ruinées par suite de l'élévation de l'impôt, de la nullité de la vente! »

Colbert « s'appliqua à diminuer l'impôt direct sur les cultivateurs, pour le faire passer sur les riches. Il fit ses efforts pour augmenter le nombre des consommateurs utiles, en occupant un peuple infini d'oisifs, en rapatriant les ouvriers qui étaient allés chercher du pain à l'étranger. Il ouvrit des débouchés, en diminuant les droits de sortie, et facilita la circulation intérieure des denrées en réduisant les droits et en les simplifiant. »

« En 1654, on disait au roi, dans les représentations de commerce, que les draps d'or et d'argent, les passements et dentelles d'or et de soie, les rubans et les manufactures de laines fines, les savons, etc., étaient presque l'unique moyen, par lequel entraient l'or et l'argent qui faisaient subsister les armées. Or, M. Colbert n'entra aux affaires qu'en 1661, il ne fut donc pas l'auteur, mais le restaurateur de ces établissements. »

Forbonnais reproche ensuite à l'auteur du *Tableau économique* « d'avoir, toujours dans le même but, rassemblé les faits les plus apocryphes, les plus incroyables, et de les avoir présentés comme certains. Il avance, par exemple, que, par le même genre d'administration. l'imposition devint si désordonnée qu'elle monta, sous Louis XIV, à plus de 750 millions, qui ne rendaient au roi que 250 millions.

Quatre lignes plus haut, Quesnay venait

de dire « que les revenus du royaume, qui étaient de 700 millions, avaient diminué de moitié depuis 1660 jusqu'en 1699. Or, comment était-il possible qu'on eût imposé 750 millions sur un revenu de 350 millions?

« En diminuant considérablement l'impôt sur la production pour le faire porter sur le revenu net », Colbert « prévit vraisemblablement que ce changement révolterait l'avarice des riches : mais, en ministre courageux, il servit son Roi et sa Patrie suivant sa conscience. S'il n'eut pas le bonheur de faire tout le bien qu'il désirait, au moins ce qu'il a fait a-t-il contribué à la prospérité d'une des plus glorieuses époques de la monarchie, et nul autre depuis n'a encore mérité de lui être comparé pour ses œuvres. »

Après avoir fait évanouir « le *fantôme* d'ancienne splendeur idéale », dont l'auteur avait invoqué le prestige pour donner du crédit à son plan économique, Forbonnais examine si le calcul de nos misères actuelles

(les dégradations éprouvées par l'agriculture) est aussi fidèle.

Citant un auteur, dont le nom fait autorité en cette matière, Quesnay avait dit, à l'article *grains*, page 815 [1], « que les terres de Sologne, du Berry, du centre du royaume, ne sont guère louées que sur le pied de 15 sous l'arpent, les prés, les terres et les friches ensemble, qu'une grande partie de la Champagne, de la Bretagne, du Poitou, des environs de Bayonne ne produisent pas davantage. »

Vérification faite, Forbonnais découvre qu'il s'agit d'une ferme de 600 arpents placée et cultivée dans de mauvaises conditions.

Après avoir fait remarquer que « l'agriculture consiste, non seulement à cultiver le grain, mais aussi à tirer de la terre ce qu'elle rend avec le plus de profit et à moindres frais, notamment par l'élève du bétail » ; il dit « que cet exemple suffit pour montrer que l'évaluation du produit de nos terres repose sur une

[1] Tome VII de l'*Encyclopédie*.

base tout aussi vicieuse, que celle dont l'auteur s'est servi pour prouver l'ancienne splendeur de notre agriculture. »

L'intention de Forbonnais « n'est pas de le suivre dans les détails où l'engage son système de grande et de petite culture; mais il passe successivement en revue, avec la compétence d'un agriculteur, aussi éclairé que pratique, les différents modes de culture : Culture avec les bœufs, culture avec les bras, culture de petites fermes, fermages à cheptel et à moitié. Il pense « que l'auteur du *Tableau économique* ne connaît pas parfaitement ce dont il parle ». « Dans tous les cas, ajoute-t-il, cet auteur se trompe, en voulant établir, partout, une culture qui rende, en produit net, cent pour cent des avances de la culture.

« En appelant petite culture celle qui ne rend pas ce produit, il peut avoir raison de compter que les 5/6 des terres du royaume sont dans ce cas. Quant aux pays de grande culture, il en trouvera beaucoup où le produit net est fort éloigné de cent pour cent. »

Forbonnais pense « que les capitaux tarderaient trop à se répandre sur l'agriculture, si l'on attendait qu'ils s'y rassemblassent par le bénéfice de la culture. » Il estime « qu'ils n'y resteront jamais, tant que le séjour de la campagne ne sera pas le plus heureux qu'un homme actif puisse choisir. » Mais il voudrait certains avantages pour ceux qui adopteraient un pareil choix. Et il demande « s'il serait abusif, que le propriétaire résidant dans sa terre, vivant noblement et exploitant son patrimoine, fût exempt de la collecte, que ses enfants fussent exempts de la milice? »

« On verrait, dit-il, probablement un grand nombre de citoyens embrasser ce genre de vie paisible, et les autres en faire l'objet de leur ambition. L'agriculture aurait bientôt une partie des capitaux qui lui manquent.

« Mais, ajoute-t-il, nous n'avons garde de supposer, aussi légèrement que le fait l'auteur du *Tableau économique*, une augmentation de produit de 707 millions [1], les frais déduits, et un produit espéré de 885 millions.

« Cependant, au mot *fermier*, page 533 [2], le même auteur s'était fait lui-même cette objection : « qu'entre tous les pays fertiles qui exportent leurs grains, on ne parvient pas à consommer plus de 10 millions de septiers de blé. Que ferait donc la France de 24 millions au moins de septiers excédant sa consommation?

« Il est surprenant, dit encore Forbonnais, que de pareilles inconséquences aient servi de base à un système de finance et d'économie, à la théorie du *Gouvernement économique*, annoncée sous l'emblème mystérieux du *Tableau économique*. Enfin, c'est à une illusion qu'on prétend sacrifier nos arts, nos colonies, notre navigation. On réclame les bras employés aux manufactures et les capitaux qu'elles occupent pour leur faire produire

[1] Produit actuel, les frais déduits. . .	178	millions.
Produit espéré, — . . .	885	»
Augmentation. . .	707	millions.

[2] Tome VII de l'*Encyclopédie*.

500 millions de grains qui ne pourraient être consommés.

« Qu'on n'impute pas tant d'erreurs et d'ambition à la véritable philosophie. Celle-ci ne mettra jamais à l'écart l'observation des faits, pour plier orgueilleusement toutes les opinions à une décision métaphysique. »

Forbonnais passe ensuite à l'examen des principes proposés par Quesnay, comme devant être les maximes d'un gouvernement économique.

Il ne peut s'associer au regret qu'exprime celui-ci : « qu'une partie des capitaux employés au commerce intérieur, ne soit pas reversée sur l'agriculture [1]. »

Il demande : « Quel intérêt donnerez-vous au propriétaire pour se priver de ses jouissances accoutumées ?

« Et ces hommes, occupés par le travail qu'elles occasionneraient et que vous retranchez, que deviendront-ils ?

[1] *Encyclopédie*, p. 539 (Fermiers).

« Que faire de cet excédent promis de 500 millions en productions, au moyen du retranchement fait d'une partie de nos dépenses intérieures?

« Nous n'exporterons pas une plus grande quantité de grain, attendu que les autres nations ont du superflu. Nos riches ne laisseront pas de tirer de l'étranger, chez lequel auront émigré nos artistes, nos meilleurs ouvriers, des objets de commodité, d'agrément, de luxe, en proportion des facultés qui leur resteront; et le peuple, appauvri de son abondance, ne pourra dépenser, ni en luxe, ni en avances de culture. »

« Quelque chose que l'on fasse, dit Forbonnais, il faut sans doute qu'il y ait des pauvres, car autrement il n'y aurait pas de riches; mais il faut que celui qu'on appelle pauvre ait une subsistance saine, suffisante et assurée sur le revenu des riches; et il est dans l'ordre naturel, que cette hiérarchie de richesse ajoute à chaque classe quelque avantage du côté de la jouissance et de la commodité. »

Au sujet de l'*industrie* et des *manufactures*, l'auteur du *Tableau économique* a écrit, article *grains* [1] :

« Les travaux de l'industrie ne multiplient pas les richesses, et ne peuvent exister que par la richesse de ceux qui les paient. »

Forbonnais reconnaît la justesse de la seconde proposition, mais il conteste la première.

« C'est, dit-il, l'industrie en partie qui nous fait riches, en consommant nos productions en échange des siennes, comme les siennes n'existeraient pas sans les nôtres. »

Au sujet du *commerce étranger*, on lit à l'article *grains* [2] :

« Dans l'égalité des sommes tirées de la vente des denrées territoriales et des denrées de main-d'œuvre, le commerce du crû est toujours plus avantageux par proportion. »

L'auteur en déduit : « que, si une nation, qui vend pour un million de marchandises de

[1] *Encyclopédie* (grains), p. 826.
[2] *Idem.*

son crû, n'a pas assez d'hommes occupés à faire valoir ses biens fonds, elle perd beaucoup sur l'emploi des hommes attachés à la fabrication. »

Forbonnais reproche à cette proposition de n'être pas claire; il ne l'est pas beaucoup plus lui-même, dans les suppositions qu'il fait pour l'expliquer. Ce qui lui paraît certain, « c'est que l'auteur et les sectateurs du *Tableau économique* ne regardent pas la main-d'œuvre comme une annexe dépendant de la culture, mais comme un objet auquel on l'a sacrifiée; que la culture ne peut être rétablie qu'en lui sacrifiant à son tour les prétendues usurpations de la main-d'œuvre. »

« C'est pour cela, dit-il, que tout est perdu parce que nous achetons, par an, pour environ 24 millions de soie! »

Forbonnais s'étend ensuite sur les avantages que procurent les *colonies* « pour convertir les denrées territoriales d'un pays, et en faciliter la consommation sous un autre nom.

« Les colonies étant alimentées par la nation

qui les fonde, le produit de leurs terres est le paiement de cet aliment.

« Mais, ajoute-t-il, les avantages que les colonies présentent, et les intérêts politiques qui s'y rattachent, ne sont d'aucune considération pour nos *cosmopolites*. En attendant le projet de paix universelle, par lequel ils auraient dû commencer, tout Français qui aimera la gloire de son nom, la majesté du trône qu'il sert, formera les vœux les plus ardents, pour la conservation de tous les moyens qui concourent à entretenir et à accroître une *marine*. »

L'auteur du *Tableau économique* pose en principe [1] :

« Que les avantages du commerce extérieur ne consistent pas dans l'accroissement des richesses pécuniaires.... car les richesses d'une nation ne se règlent point par la masse des richesses pécuniaires ; l'Espagne, qui

[1] *Encyclopédie* (article Grains), p. 827.

jouit des trésors du Pérou, est toujours épuisée par ses besoins. »

« Ces propositions, dit Forbonnais, ne sont pas entièrement fausses, mais elles ne sont pas non plus entièrement vraies. » Il cherche ce qui doit en être tiré pour que l'application en soit juste.

Suivant lui, « le commerce étranger a pour objet d'échanger les richesses superflues à la consommation d'un pays, avec les richesses superflues des autres pays. Ainsi, l'avantage qu'il présente pour chaque pays, consiste, non pas à accroître la masse des denrées, mais à varier l'objet de ses consommations. Cet échange entretient sa force, mais ne l'accroît point, tandis que l'accroissement des richesses conventionnelles, de *l'argent,* l'accroît au contraire, en facilitant la production des richesses réelles et industrielles, et, par suite, en aidant au développement de la population active, car il y a toujours assez d'hommes là où les salaires abondent.........

« Personne n'ignore que l'introduction de

l'argent par le travail a des effets fort différents de l'argent introduit par la fouille des mines. »

L'augmentation continue des richesses pécuniaires accroît les richesses réelles qui sont la base du crédit. Dans le mépris qu'ils ont pour les ressources que le crédit procure, il convient aux sectateurs du *Tableau économique,* de nier que la puissance des États soit intéressée à l'acquisition de l'argent.

Une conséquence directe de leur système des finances est que l'impôt doit diminuer pendant la guerre : Or, diminuer le revenu, et supprimer le crédit quand la dépense augmente, c'est réduire un pays à l'impuissance de faire ou d'empêcher la guerre....

Toujours à l'article *grains* [1], Quesnay nous dit :

« Si une nation fait une grande consommation de ses denrées à haut prix, ses richesses

[1] *Encyclopédie*, p. 812.

seront proportionnées à l'abondance et au prix des denrées qu'elle consomme. »

Forbonnais reconnaît « que la richesse d'une nation est proportionnée à l'abondance des denrées qu'elle produit et consomme. » Mais il conteste qu'il en soit de même du prix. Ce prix doit procurer un bénéfice au producteur, et ce bénéfice est d'autant moindre que la denrée est plus abondante. « Ainsi, ne peut-on pas dire comme l'auteur (page 830) : que *la cherté avec abondance est opulence.* »

« Le sens de ces paroles mystérieuses serait difficile à pénétrer, dit encore Forbonnais, si ceux qui les adoptent ne regrettaient en même temps la fixation du prix auquel la sortie des grains est permise. Leur idée ne peut donc être autre chose, sinon que la culture doit être non seulement mise par la liberté à l'abri de l'avilissement du prix des grains, mais encore qu'elle doit participer aux renchérissements que les révolutions de la disette peuvent occasionner dans les autres pays, comme dans le nôtre. Ils n'ont pas osé proposer de suite la liberté indéfinie; mais ils se flattent que, par leurs critiques de détail, ils établiront la pleine souveraineté du régime philosophique, c'est-à-dire des vérités générales et abstraites.

Forbonnais est persuadé que ces vérités générales sont immuables. Mais il estime que l'Administration doit suivre le cours des vérités locales et subir leur instabilité. Il dit que le prix de toutes les denrées, en général, se mesure à la proportion du prix des grains, parce que les salaires ou les frais sont en raison de la dépense de la subsistance; et ce qu'il lui paraît important d'examiner d'abord, c'est la manière dont le prix général des blés s'établit dans une société, le rapport nécessaire qui doit se trouver entre le prix du grain et celui des salaires.

Voici, ramenée à ce qu'elle a de plus substantiel, la longue discussion à laquelle il se livre :

« Le prix des blés s'établit, en général, en raison composée de la production et de la consommation ordinaires. C'est sur la consommation que s'évalue, après la restitution des frais, le produit net, lequel comprend le revenu du propriétaire et l'impôt. La récolte varie avec les années. L'expérience a appris aux hommes, en quelle proportion ces années se combinent les unes avec les autres, et le rapport qui existe entre la consommation et la production d'une bonne année moyenne. C'est, sur la production d'une de ces années moyennes que le prix moyen des salaires a dû être établi, c'est-à-dire, alors que le possesseur de grains ayant produit avec utilité, tout homme en état de travailler reçoit un salaire suffisant à sa subsistance.

« Les fermiers et les propriétaires se défendent, tant qu'ils le peuvent, avant d'augmenter les salaires. Ils attendent que l'augmentation des prix soit assez soutenue, assez constante pour la considérer comme momentanément fixée.

« D'un autre côté, l'expérience fait voir, combien il importe à la plus grande partie du peuple coopérant à la production, que le prix des grains ne soit pas extrêmement variable; et que, s'il doit augmenter, ce ne soit pas d'une manière précipitée. Même observation si l'on considère les autres produits de la culture, les vignes, les oliviers, l'engrais, la nourriture du bétail, les manufactures grossières qui contribuent à soutenir la valeur des diverses productions territoriales.

« C'est l'importance du revenu du propriétaire qui règle celle de ses dépenses. Si la subsistance renchérit avant que le revenu n'augmente, toutes les classes de citoyens en souffriront, et cela durera jusqu'à ce que le niveau se soit rétabli entre les revenus et le prix de la denrée.

« Les personnes, au fait de la marche du commerce des grains, savent que leur prix est susceptible d'un grand renchérissement au milieu de l'abondance réelle. Cela peut arriver particulièrement, lorsqu'on établit la liberté du commerce, dans un pays où elle était gênée, et dans lequel, par conséquent, il n'y a encore ni spéculateurs, ni magasiniers.

« Là, où ces dispositions existent, la demande de l'étranger se fait à peine sentir dans les marchés, parce que les magasiniers ont intérêt à hâter le remplissage de leurs magasins à mesure qu'ils se vident, et à ne pas s'engager précipitamment dans une spéculation ruineuse. Quand il en est ainsi, il s'établit un prix utile au laboureur.

« Lorsqu'il n'y a ni spéculateurs, ni magasins établis, la situation est toute autre. Les commissionnaires chargés des achats par l'étranger, si la commande est pressée, ne peuvent attendre qu'on leur offre la marchandise, et le prix dépend, d'une part, de l'urgence des besoins; de l'autre, de la facilité que l'on trouve à acheter.

« Du moment où le blé est demandé dans les campagnes, il hausse un peu, mais le fermier se défend tant qu'il peut, tant qu'il espère obtenir un plus haut prix; « et l'expérience a prouvé trop souvent qu'il laisse dépérir la denrée plutôt que de lâcher la main sur le prix. »

Telle est la véritable cause des « *convulsions* qu'éprouve le commerce en pareil cas. »

« On ose même avancer que, dans les temps réputés de grande famine, l'espèce n'a jamais manqué en France. On en trouve la preuve dans la petite quantité que le gouvernement a fait venir dans ces occasions, et dont la seule présence a toujours forcé les prix à tomber considérablement.

« La situation d'un peuple qui établit la liberté est donc très differente de celle d'un peuple qui jouit de la liberté. »

Aussi, Forbonnais insiste-t-il sur la nécessité de la fixation d'un prix de sortie. « Sans cette fixation, il ne serait pas surprenant de voir le grain fort cher et les greniers très approvisionnés. Et le public, jugeant de la liberté par l'événement, demanderait à genoux au ciel la pauvreté. »

. . . .

« Nos prix n'étant pas très différents de

ceux des autres pays, c'est une chose très contradictoire, que celle d'une grande vente au dehors et d'une grande valeur soutenue : car ce mot de grande valeur supposerait un prix plus fort chez nous que chez les autres. Si cette grande valeur vénale est nécessaire eu égard à la défense de la production, elle doit être soutenue ; et dès lors, c'est le cas de ne pas regarder la consommation étrangère comme une consommation courante et fort étendue, mais seulement, comme un moyen d'éviter l'avilissement causé par une extrême abondance : avilissement qui a son effet sur plusieurs années, jusqu'à ce qu'une mauvaise récolte fasse consommer le superflu excessif. C'est en ce sens que la liberté rapprochera nos grains du prix courant de l'Europe et les tiendra toujours au niveau du prix de production.

« Mais il ne faut pas attendre de la liberté l'accroissement de la culture, ni de la valeur vénale. L'amélioration des pratiques des cultivateurs peut seule corriger la casualité des récoltes, et la cessation de l'arbitraire de l'impôt peut seule y conduire.

. . . .

« Toute cette doctrine, dit en terminant Forbonnais, paraîtra très petite, très bornée, aux métaphysiciens qui ne connaissent aucune modification aux principes généraux. »

Forbonnais cite encore une maxime empruntée à l'auteur du prétendu extrait des *Économies royales* et du *Tableau économique.*

« Il ne faut pas qu'un grand État quitte la charrue pour devenir voiturier. » Et ailleurs : « Les petites nations, commerçantes sans territoire, doivent être regardées comme les agents du commerce des grands États. »

Forbonnais conteste ces diverses propositions : « Les gens dont la conception est plus lente, dit-il, commencent à se demander comment se forment et se soutiennent des nations sans territoire, comment elles possèdent cette immense multitude d'hommes nécessaires à la fonction qu'elles s'arrogent;

c'est un renversement de l'ordre naturel. »

Mais l'auteur de la maxime lui « paraît fort éloigné de connaître les véritables causes qui ont établi cette espèce d'agence générale ».

« Elle n'est, dit-il, que la conséquence d'une circonstance naturelle.

« La fermeture des ports du Nord pendant l'hiver et l'impossibilité de faire dans une campagne le double trajet du Nord au Midi et du Midi au Nord, ont amené les pays situés entre ces deux régions, à y constituer les entrepôts des denrées qu'elles échangent : de là, sont nés, avec l'occasion des transports, certains bénéfices; dont profitent les peuples qui ont le plus de production de leur propre fonds à l'usage des uns et des autres.

« Un de ces bénéfices est celui que procure la spéculation, c'est-à-dire l'achat et la revente; l'autre, celui que donne le transport ou le voiturage pour le compte d'autrui.

« La question est de savoir, si ce voiturage des peuples revendeurs n'a pas pour conséquence une diminution de la population du peuple au service duquel il se fait, et de la force intrinsèque dont il est susceptible. Plus ce voiturage a contribué à élever la fortune de ceux qui s'en sont emparé et à les rendre arbitres de la consommation, plus il est facile d'apprécier la perte des autres peuples. »

Forbonnais cite l'acte de navigation des Anglais, qui paraît avoir été un coup d'autorité exercé contre les autres peuples, en raison de leur faiblesse et de leur ignorance. Il a réussi parce que personne n'y a opposé de réciprocité.

« C'est, en effet, depuis cette époque seulement que l'Angleterre, livrée au monopole de *ses commerçants*, s'est accrue en puissance et en richesse réelles. »

Forbonnais fait voir ensuite, que « l'agence prétendue du commerce, étend bien plus loin ses fonctions, en s'immisçant, à titre de voiturière, dans le cabotage intérieur d'un port dans un autre port de la même nation. Par ce nouveau bénéfice, elle a accru les deux autres, et confirme de plus en plus le privilège exclusif de donner une valeur au superflu des producteurs... Ainsi, chaque nation s'est éloignée de plus en plus du degré de population active, c'est-à-dire de force et de richesse, qui lui est propre. »

On allègue, comme dédommagement, l'économie faite par les particuliers qui ont employé les étrangers; mais le bénéfice plus considérable qu'ont fait ceux-ci est perdu pour la production générale du pays à laquelle il eût profité.

« Il paraît difficile, dit Forbonnais, d'en faire convenir ceux qui n'admettent aucune différence pour la force de la société, entre le consommateur étranger et le consommateur national. » Il ajoute que « tout homme, qui ne regardera pas l'avilissement de sa nation et de son pays d'un œil indifférent, estimera qu'une juste proportion doit exister entre les forces de mer et les forces de terre, et que ce soit une nécessité également glorieuse et utile. »

Aussi conclut-il en disant : « Tous les bons citoyens doivent au Gouvernement des actions de grâce de la loi qui assure à nos matelots la préférence de la navigation d'un de nos ports dans un autre. » (C'est le privilège du cabotage).

QUATRIÈME PARTIE

L'abbé Terray, contrôleur général. — Lettre de Forbonnais à son curé. — Les élections des États généraux. — Mort de Forbonnais.

Après la publication des principes et des observations économiques, Forbonnais annonça qu'il voulait renoncer à la société des grands, borner son ambition à cultiver sa terre négligée et abandonnée depuis longtemps[1].

[1] Le château de Forbonnais n'a rien de beau à l'extérieur, il n'est même pas régulier. Mais sa distribution à l'intérieur est un vrai chef-d'œuvre, par la multiplicité des agréments et des commodités que l'industrieux propriétaire a su se procurer, en tirant un parti unique de son terrain. Le jardin est grand, bien distribué et entouré, ainsi que la cour, de douves remplies d'eau vive. Ce charmant manoir est situé au milieu de prairies considérables.....

Aux agréments du local se joignaient ceux d'une excel-

Il entretint cependant une correspondance suivie avec les intendants des Finances, jusqu'à l'avénement, en 1769, de l'abbé Terray au contrôle général.

A ce moment, comme en 1759, la dette exigible était considérable, les anticipations sur les revenus dépassaient 161 millions, l'année 1770 était dévorée par avance, ainsi que les deux premiers mois de 1771. Les banquiers et les financiers refusaient de faire de nouvelles avances. En présence d'une situation aussi critique, le chancelier Maupeou avait présenté au Roi son ancien collègue au Parlement, l'abbé Terray, comme

lente société, toujours bien choisie; elle était habituellement composée d'une partie de la famille de M. de Forbonnais et d'un certain nombre de ses amis, d'hommes instruits, de femmes aimables et très intéressantes.....

Le maître de la maison, toujours empressé de procurer de nouveaux plaisirs à ses hôtes, savait les varier de la manière la plus ingénieuse. Dans l'intervalle des récréations et des promenades, il intéressait et captivait son monde par le récit des anecdotes les plus curieuses et par des dissertations savantes. (Extrait des *Mémoires* du prince Dardenay, son neveu par alliance, qui fut maire du Mans, p. 90.)

seul capable de trouver et surtout de soutenir imperturbablement les moyens extrêmes, devenus nécessaires pour prévenir l'écroulement immédiat des finances.

Dans une audience qu'il demanda[1] au nouveau contrôleur, et qui lui fut immédiatement accordée, Forbonnais lui peignit, avec autant de force que de vérité, l'horrible confusion des recettes et des dépenses. Il fit connaître les sources du brigandage, et indiqua les remèdes qu'il jugeait convenables.

Le surlendemain, Terray lui écrivit : « Vous êtes l'homme que je cherchais. C'est avec vous que je veux travailler. » Mais il fit de vains efforts pour se l'attacher. Forbonnais s'excusa avec franchise sans désobliger le ministre ; et il se borna à demander l'assurance, qu'il obtint, d'une pension dans le cas de sa retraite de l'administration des monnaies.

Les biographies de Forbonnais ne font pas connaître la part qu'il eut, dans les mesures

[1] *Éloge historique*. p. 12.

qui furent prises à la suite de cette conversation. Ils se bornent à dire : « Dans trois mois, ce qui n'avait pas été fait en dix-sept ans, se trouva exécuté à la satisfaction du public. »

Les mesures dont il s'agit consistèrent dans des économies sur les dépenses du Roi, et dans des réductions ou conversions sur les rentes et sur les engagements de l'État.

« L'exécution avait été aussi énergique que les moyens étaient déloyaux[1]. La plupart de ces dispositions avaient été publiées sous forme d'arrêts du conseil et de déclarations. Les mesures les moins scandaleuses présentées au Parlement sous cette forme, y avaient passé avec moins de difficulté qu'on n'eût pu le croire. Le Parlement toléra une banqueroute présentée comme inévitable.

... « La Cour applaudissait au hardi contrôleur général ; mais de nombreux intérêts étaient foulés, broyés; des procès, de nombreuses banqueroutes, des suicides, accrurent le mécontentement public. »

[1] Henri Martin, t. XVI, p. 279.

Une suite d'événements graves ne tarda pas à se produire.

Ce fut d'abord la chûte de la Compagnie des Indes qui acheva de s'écrouler, dans la première année du ministère de Terray. Puis, après une lutte violente du Parlement de Paris, qui s'était montré si complaisant sur les Finances, la dissolution, la suppression, ou la réorganisation des Parlements.

Cette violation parlementaire, accomplie par le chancelier Maupeou, d'accord avec l'abbé Terray, avait été précédée de la retraite de Choiseul, qu'un ordre du Roi du 24 septembre 1770 exila dans son château de Chanteloup.

Forbonnais, privé de son siège au Parlement de Metz, reçut le titre de conseiller à la cour des monnaies.

Ses biographes ne donnent aucun détail sur cette époque de sa vie, qui continue à s'écouler à la campagne jusqu'aux approches de la Révolution. On se rappelle que Forbonnais l'avait prédite, au moment où il quitta le contrôle général. La situation des finances, les obstacles que rencontraient les réformes les plus indispensables ne lui avaient laissé aucun doute, sur l'issue fatale que devaient avoir les désordres, dont il avait pu mesurer la gravité.

Le péril était devenu plus grand. La réunion de l'Assemblée des notables ne l'avait pas dissipé, et la masse générale de la nation attendait avec une vive impatience la réalisation de la promesse faite par le Roi de la convocation des États généraux. L'opinion publique n'avait cessé de la demander depuis 1614, date de leur dernière réunion.

Dans le but de réaliser enfin cette promesse, un arrêt du Conseil d'État du 5 juillet 1788 avait invité « expressément » les officiers municipaux, les officiers de juridiction, les savants, les érudits de tout ordre à rechercher dans les archives les procès-verbaux et tous les documents qui pouvaient faire connaître la forme dans laquelle les précédentes convocations avaient eu lieu. »

Enfin, le 24 janvier, parut le décret si impatiemment attendu, fixant au 27 avril, plus tard renvoyée au 5 mai 1789, l'ouverture des États généraux.

Cet événement provoqua au Mans et dans le Maine, comme dans toute la France, la joie la plus vive, et partout on vit discuter avec passion les questions qu'il soulevait : Quel serait le mode de nomination des Députés? l'étendue de leur pouvoir? en quel nombre siègeraient-ils? Ce que l'on demandait surtout, c'est que dans la future assemblée, le tiers état eût une représentation égale à celles du clergé et de la noblesse réunies. Les hommes les plus sensés, et avec eux Forbonnais, étaient convaincus que, s'il en était autrement, l'ordre ne serait pas établi d'une manière durable dans l'administration.

Du Mans et de toutes les villes de la province partaient des adresses, des suppliques ayant le même but. Aussi, la déclaration du 27 décembre 1788, qui y faisait droit, fut-elle accueillie avec transport dans toute la contrée.

La conséquence logique était le vote par tête. Forbonnais s'en était fait le champion dans le Maine. Il voulait, en outre, que dans lee provinces, les députés fussent élus par les trois ordres réunis. Tel est l'objet d'une lettre écrite par lui à son curé, le 4 mars 1789, et datée du château de Forbonnais. Cette lettre a été imprimée, la bibliothèque nationale en possède un exemplaire[1].

Elle débute ainsi :

« Je ne suis pas surpris, Monsieur, de la conviction où vous êtes, que l'intérêt national et l'intérêt de la province semblent dicter la convenance de procéder à l'élection de 16 députés aux États-généraux, par un scrutin général.

« Un sens droit, un cœur droit se pénètrent aisément de cette grande vérité que, s'il existe

[1] Elle porte comme titre : Lettre de V. D. F. à M. B., curé de P., et les indications suivantes : L. B^{39}
1355.

un acte intéressant pour la conscience, et d'une obligation étroite dans la foi, de la morale et de la religion, c'est le choix scrupuleux des représentants d'une province à l'Assemblée nationale.

« Il est également essentiel à chaque individu que la confiance soit réciproque, puisqu'une seule voix peut décider de son destin; une idée peut concilier de grandes difficultés; l'énergie d'un sentiment éclairé peut réduire les passions à se taire et prévenir les erreurs fatales à l'empire.

« Et qui peut voter pour l'intérêt général et commun, si ce n'est la réunion des ordres? Tous n'appartiennent-ils pas à tous dans l'ordre social? »

Après avoir dit : que « les limites de la province ne doivent pas circonvenir le choix de ses représentants, si des sujets, qu'elle n'aurait pas allaités, sont reconnus plus capables de remplir la fonction que ses propres enfants »,

Il envisage l'importance des objets qui seront traités dans l'Assemblée nationale. « ... Il n'est plus question seulement, comme dans diverses autres tenues d'États, de quelques secours fiscaux, de représenter la détresse de quelques cantons, d'éluder des demandes captieuses d'une cour avide et corrompue, qui ne reconnaissait les droits de la nation que pour assoupir sa vigilance et en tirer de l'argent.

« Ici, tout est loyal et digne de la majesté du premier trône de l'univers; c'est un Roi, revêtu d'une autorité confirmée par une longue jouissance, qui rappelle lui-même à son peuple ses droits constitutifs, droits inaltérables comme ceux de la nature, mais tombés dans une telle désuétude que la mémoire des hommes a peine à se rappeler les anciens vestiges de leur exercice.

« Il aurait peut-être trouvé dans ses conseils des remèdes à nos misères, et dans sa force, des moyens d'exécution. Mais sa probité a sondé les plaies de l'État, en a approfondi la cause; il a reconnu que l'exercice du droit national pouvait seul rétablir le corps politique, lui rendre sa vigueur et prévenir ses rechutes.

« Ainsi, il s'agit aujourd'hui, non seulement de constater ce droit authentique et reconnu, mais d'en régler l'exercice, de manière à réparer l'imprévoyance de nos pères, à prévenir les empiètements du pouvoir exécutif : pouvoir, du reste, cher à la nation, qui lui doit essentiellement la cessation du chaos de l'anarchie, le règne des lois et de la justice et la liberté civile.

« C'est dans la modération, avec laquelle s'établiront les fondements de cet accord, que résideront la solidité de leur durée, la paix et la félicité nationale.

« Ceux qui seront appelés à la confection de cette grande œuvre doivent donc joindre, à la loyauté de la reconnaissance, une connaissance ferme et profonde des moyens de législation et des moyens d'administration, qui ne sont pas toujours d'accord avec la pratique usuelle de l'humanité... »

« Ce travail préliminaire et fondamental

n'est pas le seul auquel se borneront les fonctions d'un digne député. Il faut, pour rétablir l'économie du corps humain, pour relever et animer ses forces, rendre au sang sa libre circulation, rétablir le mouvement des articulations, rendre aux fibres leur souplesse, aux nerfs leur élasticité. Également, dans le corps politique, pour lui rendre son énergie naturelle, il faut commencer par dissoudre les engorgements causés par le levain de la fiscalité immodérée, par le régime mal combiné des principales impositions. C'est alors qu'il sera possible de calculer les forces de ce peuple, zélé pour sa gloire et pour celle de son roi, et que ses députés pourront, par des combinaisons heureuses, arriver à prévoir un terme à la liquidation des dettes, à l'allègement de leurs charges, enfin à la restauration de l'État dans le degré de considération qui lui appartient dans l'univèrs.

« Voilà, ce me semble, la tâche de nos députés, comme celle des députés de toutes les autres provinces.

« Il leur restera à concerter, comme membres de l'Assemblée nationale, et avec elle, les moyens de réunir la nation dans un seul esprit, dans une même forme d'administration légale et provinciale, qui consolide la nécessité de consulter la volonté générale sur toutes les matières de législation, d'imposition et d'emprunt; en même temps les détails d'exécution de cette volonté générale seront suivis par les États provinciaux. Alors, il n'existera plus en France qu'une seule nation, un seul droit, une seule force.

« D'autres dispositions générales ou locales occuperont sans doute encore le zèle et les talents des députés, sur l'administration de la justice, sur les voies et les réparations publiques, enfin, sur tous les objets des instructions qui leur seront données.

« A la vue de tant d'objets si divers, si éminents, est-il possible qu'un saint frémissement ne s'empare pas de ceux qui seront revêtus d'une telle et si grande charge et des électeurs qui procéderont à leur nomination? Tous, rassemblés sous les voûtes sacrées de la cathédrale, en quel lieu pourraient-ils se plaire davantage à les faire retentir du saint nom de la patrie? Ne verront-ils pas son autel dressé au pied des autels du Dieu vivant? N'y verront-ils pas écrite en lettres de feu la devise des hommes vertueux de tous les siècles : *Pro aris et focis?*

« N'en doutons pas, ils s'empresseront d'aller l'embrasser, d'y déposer tous les préjugés, comme premier holocauste, de briser à ses pieds les idoles, des formes et des usages qu'éleva l'ignorante anarchie, et que dédaigne un peuple libre sous un roi magnanime. »

Forbonnais rappelle, que « c'est dans le pays du Maine que les affranchissements furent d'abord accueillis et effectués ». Il ne doute « pas que leurs auteurs ne revivent dans leurs illustres descendants, que ceux-ci ne s'empressent d'égaler la gloire de leurs pères, et que cet honneur rejaillisse encore sur leur postérité ».

Puis, revenant à l'objet de sa lettre, il demande : « Quel privilège, d'ailleurs, perdraient la noblesse et le clergé, en donnant des pouvoirs à 150 députés, chacun dans leur ordre, qui concourront avec les 300 du tiers, à un scrutin général?

. . . .

« Chaque ordre y gagnerait d'étendre son influence sur les deux autres, ce qui formerait un nouveau lien moral et politique, toujours précieux à un peuple sage et civilisé comme le nôtre. »

La lettre est signée V. D. F.

Nous rapprocherons de cette lettre quelques-unes des *doléances* de la commune de Champaissant, sur laquelle était situé le château de Forbonnais, et que l'on attribue à son propriétaire.

C'est d'abord un vœu, en vue d'obtenir que les députés soient nommés par les trois ordres réunis.

« L'humanité religieuse du clergé et l'élévation d'âme de la noblesse inspirent trop de confiance aux suppliants, pour qu'ils ne soient pas persuadés de l'avantage d'une délibération égale en commun sur des intérêts communs, et de l'honneur qui en jaillirait sur chacun des députés des trois ordres, si, élus par la voix publique, qui est celle de Dieu, ils paraissaient plutôt les mandataires d'une même famille que les fondés de pouvoir de trois ordres en litige. »

« La communication inestimable des lumières, le lien social de rapprochement opéré par la convention, opéreraient bien plus facilement le vœu social aux pieds de Sa Majesté [1]. »

C'est ensuite une protestation contre l'interprétation qui pourrait être donnée à ce vœu.

« Si nous proposons de nouveaux règlements, ce n'est pas par ambition de voir le Tiers-État relevé au-dessus de sa sphère ordi-

[1] *L'année 1789 au Mans,* par Triger, p. 164.

naire pour modifier le corps de la noblesse ; nous n'avons en vue que le bien de l'État, sa splendeur, sa gloire. La noblesse a des hommes de valeur, le Tiers-État a aussi les siens. Pourquoi les uns et les autres ne rendraient-ils pas service à l'État [1] ?

En ce qui concerne le droit de propriété et la liberté de posséder. La commune de Champaissant demande « qu'ils ne puissent être enfreints, même sous prétexte d'utilité générale, sans l'assurance préalable d'un dédommagement. »

En ce qui concerne l'administration, la commune demande : « le remplacement de l'intendance par une assemblée provinciale chargée d'administrer entièrement la province [2]. »

« Cette administration bien réglée lui paraît seule capable d'élever l'esprit public, d'assouplir les intérêts particuliers et d'apporter dans les recouvrements destinés au Trésor public

[1] *L'année 1789 au Mans*, p. 171.
[2] *Idem*, p. 179.

le concours si nécessaire à un peuple sous le fardeau de l'impôt [1]. »

L'élection des députés aux États Généraux eut lieu au Mans, en mars 1789. Cinq députés devaient être élus par la noblesse, cinq par le clergé, cinq par le Tiers-État.

On devait croire que Forbonnais serait au nombre des élus. Sa célébrité comme économiste, la haute position qu'il occupait dans le Maine le désignaient aux suffrages de ses concitoyens : il n'en fut rien. L'auteur de la *Vie littéraire* l'explique ainsi : « Malheureusement, il avait eu la faiblesse, quelque temps auparavant, d'accepter de son souverain, qui l'aimait, des lettres de noblesse, ce qui lui aliéna les esprits : le Tiers le vit de mauvais œil parce qu'il était noble ; la noblesse le dédaigna, parce qu'il ne l'était pas assez, et il ne fut point nommé. »

Le Pelletier de la Sarthe [2], qui considère

[1] *L'année 1789 au Mans,* p. 179.
[2] *Histoire complète de la province du Maine,* t. III. p. 82.

Forbonnais comme une des premières illustrations du Maine, attribua sa non-élection à la jalousie qui, selon lui, est un des caractères de la province.

Forbonnais fut néanmoins chargé de rédiger, « sous le titre des pouvoirs donnés par la noblesse à ses députés, les principes devant servir de base à leurs votes sans pouvoir s'en écarter. » Naturellement, il fut obligé de renoncer à l'opinion qu'il avait professée relativement au vote par tête.

Ces pouvoirs, qui résument les idées de la noblesse du Maine à la veille de la réunion des États généraux, nous ont paru intéressants à connaître dans leurs lignes générales [1].

C'est d'abord la souveraineté :

« Elle réside essentiellement dans l'assemblée libre des trois États, de la nation présidée par le Roi.

« Les États généraux ont seuls le droit de s'organiser de la manière qui leur convient.

[1] *Archives parlementaires*, t. III, p. 640.

« Les députés ne pourront voter autrement que par ordre.

« Ils s'assemblent, sans qu'il soit besoin de convocation à une époque et en un lieu fixé par eux.

« Les ordonnances générales ne peuvent avoir force de loi, que par l'assentiment libre des trois États régulièrement assemblés et la sanction du Roi.

« Nul impôt, nul emprunt ne peut être établi que par le libre consentement des trois États, et ne peut être prolongé ou étendu au delà du terme fixé par les États généraux.

« Toute perception faite sans ledit consentement doit être punie de mort.

« Tout citoyen, de tout ordre, devra contribuer proportionnellement à ses facultés, et dans une parfaite égalité, aux impôts qui seront consentis par la nation, sans qu'il puisse être dérogé par mesure personnelle ou de profession à cette loi.

« Les ministres sont responsables devant

les États généraux de l'emploi des deniers assignés à leur département respectif.

« Les biens, la liberté, la vie, l'honneur de tout individu, de quelque classe qu'il soit, sont placés sous la sauvegarde des lois, sans qu'il puisse en être privé qu'en vertu d'un jugement rendu par les tribunaux;

« Le droit de propriété reconnu ne pourra être enfreint, sous prétexte d'utilité générale sans l'assurance préalable d'un dédommagement;

« Les députés sont autorisés : à consentir la reconnaissance nationale des dettes de la couronne;

« Après examen approfondi de l'état réel des revenus et des dépenses, les députés pourront donner leur consentement à l'impôt et à l'emprunt.

« Ils sont autorisés à voter :

« 1° L'aliénation des domaines royaux au profit de la libération de la dette publique, en exceptant toutefois les forêts royales, dont le meilleur et le plus économique aménagement doit être pris en considération pour les besoins du royaume.

« 2° L'incommutabilité des engagements faits depuis 1576, moyennant une révision amiable et équitable, d'où résulterait annuellement une redevance en grains au profit du domaine royal.

« Les députés voteront en faveur de la liberté la plus grande du commerce et de la navigation en général, et du commerce des grains en particulier.

« Ils décideront que les dépenses d'entretien des canaux, des dépenses à faire pour rendre navigables les rivières qui en seront susceptibles, sont considérées, comme dépenses générales de la nation, et réparties par les États généraux sur tous les points, d'après les plans qu'ils auront successivement adoptés.

« Le roi sera supplié de réserver, dans les traités de commerce, la ratification des États généraux, à l'effet de quoi les dits traités leur seront communiqués, pour être sanctionnés, modifiés ou annulés.

« Les députés voteront : 1° pour qu'il soit formé un Conseil, chargé de rectifier des ordonnances civiles et criminelles du royaume, et de renouveler celles qui tendent à composer les tribunaux de magistrats instruits et appliqués, et à augmenter les pouvoirs des tribunaux inférieurs ; 2° pour qu'il soit pris des mesures, afin que les parties de l'Administration de la justice soient inspectées comme les autres parties de l'administration du royaume.

« Les députés demanderont que les officiers de l'armée soient admis à jouir du même droit que les autres citoyens, ne puissent être privés de leur emploi sans un jugement émané d'un tribunal militaire, et qu'il soit pourvu à la réforme des abus reconnus dans les nouvelles ordonnances militaires.

« Les pouvoirs se termineront par cette disposition :

« L'ordre de la noblesse se réserve, « de donner à ses députés d'autres instructions sur divers objets de détail. Il déclare qu'il s'en rapportera à leur fidélité, à leur honneur, à leur intelligence sur les intérêts généraux et particuliers, en ce qu'il n'aura pas été spécifié dans la présente procuration, comme base essentielle du droit du peuple français; laquelle procuration n'aura d'effet que pendant la tenue des prochains États gén éraux. »

Les cinq députés élus par la noblesse [1], convoqués par le grand sénéchal du Maine, jurèrent, de se conformer aux instructions et pouvoirs qu'ils recevaient de leur ordre, en qualité de ses députés aux États généraux et dont copie leur était remise.

A part le vote par *ordre* réclamé par le clergé et par la noblesse, et contre lequel se prononça le *Tiers-État*, toutes les dispositions de ces pouvoirs étaient conformes aux idées préconisées par Forbonnais.

[1] Le marquis de Montesson,
Le chevalier de Trevé,
Le vidame de Marcé,
Le comte de Tessé,
Le duc marquis de Fresnay.

Après l'élection des députés aux États généraux, Forbonnais continua à habiter sa terre. Son temps était partagé entre l'agriculture, l'économie rurale, la composition de nouveaux ouvrages et la revision de ses manuscrits.

Dans le cours de l'année 1790, il fut appelé à Paris par le Comité des monnaies de l'Assemblée nationale. Il y séjourna pendant trois mois, qui furent employés à un travail considérable, dont les résultats ont été imprimés. Cela ne répara pas, mais mit en évidence la faute que les électeurs du Maine avaient commise, en n'élisant pas un homme qui, par ses hautes lumières, ses vastes connaissances, eût apporté un concours si précieux aux travaux de la Constituante.

En 1791, Malesherbes, qui l'aimait, profita de l'un de ses voyages à Paris pour le rappeler au souvenir de Louis XVI. Le roi voulut le faire entrer dans son Conseil. Forbonnais ne se faisait aucune illusion sur l'impossibilité de sauver la monarchie, il refusa; mais en termes si touchants, qu'ils ne purent qu'ajouter au regret du roi et de Malesherbes.

L'auteur de la *Vie historique* dit que ses talents distingués le firent inscrire sur la liste des candidats pour la place de gouverneur du prince royal, fils de Louis XVI.

En 1796, il fut nommé membre de l'Institut dans la section de l'économie politique.

Au mois de germinal an VII (1797), alors que des troubles civils se manifestaient dans le département de la Sarthe, des menaces faites par lettre anonyme déterminèrent Forbonnais à quitter sa terre et à se réfugier à Paris. Il n'y trouva presque aucune de ses connaissances; il en fit de nouvelles et fréquenta l'Institut national.

A cette époque, il continuait à écrire dans le journal l'*Historien*, le journal de Dupont de Nemours, où il signait le *Vieillard de la Sarthe* ou le *Vieillard qui fut écouté jadis.*

D'après l'auteur de l'*Éloge historique*, un de ses derniers ouvrages connus est l'analyse des principes sur la circulation des denrées et l'influence du numéraire sur cette circulation. Conçu dans une nuit, il le rédigea le lendemain matin et le présenta le soir à l'Institut qui en vota l'impression.

A la Société libre des arts du Mans, on admira la clarté, la précision, la force et l'énergie de l'auteur, malgré son âge avancé et l'altération de sa santé.

A la veille du 18 brumaire, le 16, alors que le Trésor public était arrivé à sa dernière période de délabrement, on proposa à Forbonnais de le faire entrer dans le Conseil des finances, dont il aurait eu la présidence; mais, le lendemain, le gouvernement était renversé.

A ces détails, que nous lui empruntons, de l'Isle de Sales ajoute que Forbonnais ne vit pas avec indifférence le régime consulaire, destiné à nous régénérer. Il croyait que, si le talent de l'homme de guerre l'avait fait naître, la politique d'un homme d'État devait le conserver.

Ce fut peu de temps après que Forbonnais succomba, le 20 septembre 1800, à une hydropisie de poitrine. Il fut, dit l'auteur de l'*Éloge historique*, justement et universellement regretté par sa famille, par ses amis et par tous ceux qui avaient l'avantage de le connaître

L'auteur de la *Vie littéraire*, parlant des qualités de son cœur, le peint, comme portant dans la vie privée toute la simplicité des mœurs antiques; il faisait le bien, parce qu'il suivait l'impulsion d'une âme grande et généreuse. » Il ajoute que les communes de sa terre sont pleines des monuments de sa bienfaisance.

De Sales cite, comme le plus beau trait de sa vie privée, d'avoir épousé, à l'âge de soixante-cinq ans, Mlle Le Ray de Chaumont, dont le père était intendant des Invalides; il l'aimait depuis vingt ans. Louis XVI avait promis à son père une grande faveur, pour l'officier de sa cour qui obtiendrait sa main. Forbonnais ne voulut pas qu'elle lui sacrifiât un brillant avenir; mais, plus tard, la situation changea, il devint riche, tandis qu'une suite de malheurs fit perdre à Mlle Le Ray toutes ses espérances. Elle fut longtemps tentée d'être généreuse, comme l'avait été Forbonnais; mais elle finit par céder, et fit le bonheur des vieux jours de son époux [1].

[1] *Vie historique.*

CINQUIÈME PARTIE

Opinions des économistes et des auteurs modernes sur Forbonnais.

Nous avons dit, en commençant, qu'il existait de nombreuses biographies de Forbonnais; nous croyons utile d'en citer les principaux passages, pour faire connaître comment ses travaux ont été jugés et appréciés par les économistes de notre époque.

Daire. — L'un d'eux, Daire, s'exprime ainsi au début de la notice qu'il lui consacre[1].

« Écrivain consciencieux et éclairé, Forbonnais a contribué à répandre beaucoup de jour sur les parties secondaires de la science économique. Il n'a pu toutefois s'élever jus-

[1] *Collection des principaux économistes*, 1867, t. XIV, p. 167. — Notice sur Forbonnais.

qu'à la hauteur des vérités fondamentales, et dégager son esprit de l'étreinte des préjugés du système mercantile, qui était en pleine vigueur, lorsqu'il porta ses premiers regards sur la cause de la richesse des nations. Apologiste de ce système avant les physiocrates, il demeura tel après leurs écrits, contre lesquels il ne s'est livré qu'à des critiques de modiocre valeur. » Sa grande erreur fut de croire que l'Angleterre avait prospéré à cause, et non en dépit, du régime protecteur. Il l'avait puisée dans les œuvres de Mun, de Gée, de Davenant, de William Perry, qui donnèrent les premiers une forme scientifique aux observations des économistes de comptoir. Et les belles dissertations d'Adam Smith ne purent le faire revenir : « tant il est vrai, que le seul génie a le privilège d'arracher de son entendement les notions fausses sucées au lait. » Comme s'il n'avait pu se dissimuler à lui-même, le côté faible de la cause qu'il défendait, Forbonnais déclara formellement : « qu'il faut laisser tuer par la concurrence étrangère toute industrie, même nouvelle, qui ne saurait se soutenir qu'à l'aide d'une protection de 15 p. 100, et il préconise à l'intérieur les effets salutaires de la liberté dont il repousse la pratique au dehors.

Ch. Coquelin. — L'article consacré à Forbonnais dans le *Dictionnaire de l'Économie politique*, par Ch. Coquelin[1], est moins sévère pour ses idées économiques.

« Les services administratifs de Forbonnais sont assez obscurs, dit l'auteur ; et ses nombreux ouvrages, qui eurent dans leur temps un véritable succès, n'ont plus pour nous qu'un médiocre intérêt. Son grand travail sur les Finances de la France de 1591 à 1721 fait seul exception. Ce livre, résultat de longues et consciencieuses recherches, servit à presque tous les auteurs. On y remarque une intelligence assez forte pour dominer une telle matière, sans se perdre dans les

[1] Tome I, p. 794. (Guillaumin et Cie.)

détails. Un style clair, simple, précis et grave jette de l'intérêt et des lumières sur des faits arides et obscurs par eux-mêmes.

« Comme publiciste, Forbonnais se place, par la nature de ses idées, entre Law et l'école de Gournay. Il prit part à la réaction contre les modes, les idées, les exemples de l'Angleterre, de la Hollande, et alla chercher dans la tradition française les pensées d'amélioration et de réforme. « Cet ouvrage, dit-il, dans son introduction, conservera à notre nation l'honneur d'avoir eu la première de bonnes lois en toutes choses, et peut-être la honte de les avoir mal appliquées[1]. »

« Les idées économiques les plus justes et les plus vraies abondent dans les écrits de Forbonnais ; mais elles n'y ont pas toujours la forme exacte et scientifique ; elles s'y trouvent mêlées d'erreurs assez graves. »

MICHAUD. — La vie de Forbonnais a été

[1] Introduction des *Recherches*, 1re partie, p. .

racontée dans la *Biographie universelle et moderne de Michaud* [1].

« Tous les ouvrages de Forbonnais, dirigés vers un but éminemment utile, associeront leur auteur à la gloire des hommes célèbres qui, dans le même temps, honoraient notre histoire, Voltaire, Buffon, Montesquieu dont les écrits lumineux ont agrandi l'horizon.

« Il en est de même de ses propositions et de ses plans, qui ne reçurent aucune suite. »

Tout ceci est peut-être exagéré, mais l'auteur est dans la vérité, quand il loue l'intégrité de Forbonnais, et qu'il attribue ses échecs aux intrigues de la favorite. C'est avec raison qu'il ajoute, que « ses réformes soulevèrent contre lui cette foule de courtisans rapaces qui gaspillaient le Trésor de l'État et le calomnièrent auprès du Roi. »

Le Pelletier de la Sarthe. — Dans son *Histoire de la province du Maine* [2], Le Pelle-

[1] Michaud. *Biographie universelle ancienne et moderne*, t. XIV, p. 381 (1856).

[2] Tome II, p. 82. Veron de Forbonnais.

tier de la Sarthe exalte également les mérites de Forbonnais.

Ses connaissances pratiques et positives acquises au sortir du collège, dans ses voyages en Espagne et en Italie ; de profondes études faites dans le port de Nantes, sous les auspices de son oncle maternel, le destinaient, dit-il, à devenir un des hommes d'État de son siècle. « Mais, arrivé à Paris, avec une instruction tout à fait supérieure en matière de législation, de finance, de diplomatie, ainsi qu'en ce qui concerne la marine et les colonies, il ne rencontra qu'indifférence « et même une injuste répulsion. »

« Comme il arrive toujours pour les hommes de cette trempe, les obstacles auxquels il se se heurta ne firent qu'exciter sa noble émulation. Il sut s'adresser au public disposé, dans presque toutes les occasions, à venger le mérite sans protection, des iniquités, de la vanité ignorante des hommes au pouvoir. »

Ainsi, l'analyse de *l'Esprit des lois*, qui fut le premier ouvrage de Forbonnais, est accompagnée de notes qui prouvent que, dans plusieurs parties, il marchait très dignement sur les traces de Montesquieu. »

Les Éléments du Commerce, qui parurent ensuite, le firent apprécier de tous les hommes compétents par la nouveauté et la justesse de ses vues. « Ils peuvent être considérés comme le germe de cette belle science, si cultivée aujourd'hui sous le titre *d'économie politique*. »

Le Pelletier de la Sarthe attribue à la jalousie de la femme de Silhouette, dont Forbonnais fut le collaborateur, l'échec qu'il subit au Ministère des Finances. Il ajoute, « que l'orgueilleuse Pompadour, blessée du peu de condescendance de cet homme intègre, ne réussit que trop bien à lui faire comprendre l'impuissance de ses efforts pour effectuer les importantes réformes qui seules pouvaient sauver le pays. »

Forbonnais se retira, dit l'auteur, l'âme navrée « de l'imminence d'une révolution qu'il regardait comme certaine. »

Toutefois, la faveur et l'estime du Dauphin, qui connaissait parfaitement ses ouvrages et appréciait la valeur d'un tel homme, le mirent à l'abri des persécutions de ses ennemis.

Lors du renvoi de Silhouette, l'opinion publique désigna Forbonnais comme le seul financier capable de le remplacer avec avantage. « Mais celui qui, sous Henri IV eût fait un nouveau Sully, ne pouvait convenir aux conseillers et aux courtisans de Louis XV. »

« Il était naturel de penser que le Maine, auquel Forbonnais donnait alors une véritable et grande illustration, sentirait la nécessité et la convenance de le nommer Député aux États généraux, honneur dont il était si digne, et qu'il pouvait remplir avec tant d'éclat pour la France et de gloire pour son pays ». Le Pelletier de la Sarthe dit que, s'il en fut autrement, cela doit être attribué au caractère de la province, où le mérite a toujours fait ombrage aux médiocrités. Celles-ci, dominées par la jalousie, n'eurent, pour le nommer, pas l'intelligence des services qu'il pouvait rendre.

« Forbonnais, avec toute son intégrité, sa grande valeur comme économiste, n'eut pas les suffrages de ses concitoyens dans l'élection des députés de l'Assemblée nationale. Ceux-ci reçurent, en 1790, une bien sévère leçon : il fut appelé à Paris par le comité des monnaies de l'assemblée qui regardait ses lumières comme indispensables.

« Forbonnais, grand par le génie et par le cœur, économiste parfait, estimé de tous les gens de bien, membre de l'Institut, appelé par son mérite aux premiers emplois du Royaume, y serait certainement parvenu pour la sécurité de la France, pour le rétablissement de l'ordre, s'il avait pu se plier aux exigences de la Cour, s'il avait été pourvu d'autant de savoir-faire que de savoir. »

Léonce de Lavergne. — Léonce de Lavergne, dans son ouvrage sur les *Économistes du*

XVIIIe *siècle* [1], après avoir passé en revue leurs principaux adeptes, juge nécessaire de dire un mot de leurs adversaires.

« Un des premiers en date, dit-il, est Forbonnais. Il écrivit contre eux une réfutation en deux volumes sous le titre d'*Observations économiques*. Leurs écrits lui avaient déplu par la forme, beaucoup plus encore que par le fond; et l'épigraphe mise en tête de son livre : *Est modus in rebus*, résume parfaitement sa pensée.

M. Schelle. — Le nouveau *Dictionnaire d'économie politique*, publié sous la direction de M. Léon Say et de M. Joseph Chailley, contient une notice sur Forbonnais due à la plume de M. Schelle, économiste distingué, lauréat de l'Institut [2].

Après avoir dit que Forbonnais « est surtout connu par ses *Recherches et considérations sur les Finances de la France*, remar-

[1] Guillaumin, 1890, p. 196.
[2] Page 1044.

quable ouvrage qui contient une grande quantité de documents authentiques, recueillis avec sagacité et une foule d'éclaircissements utiles pour notre histoire financière, M. Schelle ajoute, que « Forbonnais a de plus été mêlé aux affaires sous plusieurs ministres, et a contribué par ses écrits à la fondation de l'économie politique. Mais son opinion, en cette matière, était loin d'être orthodoxe ; il avait accepté presque complètement le système mercantile, au moment où les physiocrates le battaient en brèche. » Toutefois, M. Schelle reconnaît « qu'en le défendant contre Quesnay, dont il fut l'un des principaux adversaires, il opposa à la partie vicieuse du système physiocratique des objections qui facilitèrent le progrès de la science. »

Au sujet de deux ouvrages étrangers qu'il avait traduits, le *Traité de l'Espagne* et le *British merchant* (le négociant anglais) et des articles *change*, *commerce*, etc., publiés dans l'*Encyclopédie* de Diderot, l'auteur de la notice ne trouve dans la théorie générale du commerce exposée par Forbonnais « qu'un résumé des idées contenues dans les deux ouvrages qu'il avait traduits » ; et ces idées, dit-il, « ne sont que le développement de sophismes protectionnistes dérivés de la balance du commerce. »

Néanmoins, ainsi que nous l'avons dit et que le dit lui-même M. Schelle, « les articles de Forbonnais réunis en volume dans les *Éléments du Commerce* eurent un succès peu ordinaire. Ces deux éditions furent enlevées en moins d'un mois et l'ouvrage fut traduit en anglais, en allemand et en italien. »

La publication de ce livre coïncida avec celle des articles de Quesnay dans l'*Encyclopédie* et que Gournay fit traduire de l'anglais pour propager la doctrine de la liberté du travail.

« Une lutte, dit M. Schelle, s'engagea presque aussitôt entre Forbonnais et la nouvelle école. Elle commença à propos de l'industrie des toiles peintes, que le Gouvernement voulut rendre libre à l'intérieur. Forbonnais défendit la réglementation. Gournay, Abeille, Morellet, montrèrent les avantages de la liberté. La lutte reprit un peu plus tard, à propos du commerce maritime, de la grande et de la petite culture, de la classe stérile, avec Letrosne, Dupont de Nemours et Quesnay. Elle se prolongea pendant de longues années avec un caractère d'aigreur « que M. Schelle croit pouvoir attribuer au rôle rempli par l'auteur des *Éléments du commerce* auprès de quelques ministres. »

Au sujet des *Principes et observations économiques*, publiés en 1669, M. Schelle dit que « cet ouvrage n'a plus aujourd'hui qu'un intérêt historique ; le style en est diffus et la pensée de l'auteur ne se dégage pas toujours clairement » ; mais il fait toucher du doigt les erreurs principales de la doctrine physiocratique ; il montre combien était défectueuse l'expression de classe stérile appliquée à l'industrie ; combien était erroné le principe invoqué par Quesnay, que cherté et abondance sont opulence, et sur quelles bases fragiles reposait l'édifice compliqué du *Tableau économique*. Il a facilité ainsi la tâche de ceux qui ont ramené les théories économiques dans des limites rationnelles; mais Forbonnais est tombé lui-même dans des erreurs autrement graves que celles qu'il réfutait et il n'a pas apporté dans l'examen des phénomènes économiques de vues bien originales. »

SIXIÈME PARTIE

Observations et Conclusion.

Les idées et la doctrine de Forbonnais n'ont, en effet, ainsi que le dit M. Schelle, rien de bien original; la critique qu'il fait de son style n'est que juste, il aurait pu ajouter qu'il se perd quelquefois dans de véritables minuties. D'un autre côté, son compatriote Le Pelletier de la Sarthe va trop loin, dans la manière dont il exalte ses qualités et ses mérites. Mais tous ceux qui ont étudié ses ouvrages sont d'accord pour reconnaître, que ceux-ci sont dirigés vers un but éminemment utile, que les idées économiques les plus justes et les plus vraies y abondent; seulemènt,

[1] *Nouveau Dictionnaire de l'Économie politique*, p. 1045.

on lui reproche d'être tombé dans des erreurs autrement graves que celles qu'il réfute [1].

Ce qu'on ne peut lui refuser, c'est un admirable bon sens, une profonde érudition et une remarquable modération dans ses jugements. L'épigraphe, mise en tête de ses *Principes et observations économiques : est modus in rebus*, ne pouvait être mieux placée.

Forbonnais, qui n'avait pas eu comme le chef de l'école physiocratique, « une intuition de génie », s'est borné à dire, et à faire voir à ses adversaires qu'ils avaient, à tort, négligé l'étude des faits, et s'étaient par suite laissé entraîner hors de la vérité par les *sublimités de la métaphysique*. Il leur a montré, en outre, que, pour justifier leur prétendue régénérescence de l'État, ils s'étaient appuyés sur une pure illusion, « l'existence d'une prospérité qui n'avait rien eu de réel, et sur une dégradation imaginaire. »

Joignant à une parfaite connaissance des

[1] *Nouveau Dictionnaire de l'Économie politique*, p. 1045.

procédés et des produits de l'agriculture, il a fait complète justice du roman de Quesnay, inséré dans l'*Encyclopédie* (article *grains* et *fermiers*). Comme on l'a vu, Quesnay prétendait faire produire utilement à nos terres une quantité de blé si considérable, que, de son aveu même, on n'en trouverait en France, ni même en Europe, la consommation.

Forbonnais avait un véritable culte pour la mémoire de Colbert, tout en reconnaissant que, dans certaines circonstances, ce grand ministre avait pu se tromper. Il avait étudié à fond son administration ; aussi, était-il révolté de ce que l'auteur du *Tableau économique* prétendait que Colbert avait avili le prix des grains, pour favoriser l'établissement des manufactures qui existaient bien auparavant. Le fait, d'ailleurs, était faux, le prix du blé s'étant soutenu en France, pendant le ministère de Colbert, plus haut qu'il ne l'a été depuis.

Mais ce n'est pas la seule assertion inexacte que Forbonnais ait relevée à la charge du chef des physiocrates, en ce qui concerne Colbert. Quesnay ne dit-il pas, dans ses notes apocryphes du prétendu extrait des *Économies royales* de Sully, que, grâce au désordre de l'administration de Colbert, l'imposition qui montait à 750 millions de livres ne rendait au Trésor que le tiers, soit 250 millions, et ailleurs, que le revenu du royaume qui était de 700 millions, avait diminué de moitié et était tombé, de 1660 à 1690, à 350 millions? Il n'avait pas vu qu'il était impossible que l'on eût imposé 700 millions sur un revenu de 350 millions.

Forbonnais était passionné pour son pays. Il le voulait avant tout libre et indépendant. Henri Martin ne le nomme jamais sans dire le patriote Forbonnais. L'étude si complète qu'il avait faite du commerce anglais, dont témoigne surabondamment le discours préliminaire qui précède sa traduction du British Museum, lui avait appris à quel point nous étions en retard sur nos voisins d'Outre-Manche.

Daire lui reproche de n'avoir pas compris que l'Angleterre avait prospéré, non à cause, mais en dépit du système protecteur. Ne peut-on pas répondre à Daire, que l'Angleterre, toujours si préoccupée de son intérêt, ne l'a compris elle-même que bien tard? N'est-ce pas de nos jours qu'on a vu naître et se développer le libre-échange? N'est-ce pas en 1842, seulement, que sir Robert Peel a osé faire les premières réformes du tarif, et en 1846 qu'il est *entré dans l'histoire*[1], par le rappel des lois des céréales, malgré la vive opposition des hommes de son parti politique?

A l'époque où Forbonnais a commencé à écrire, quel était donc l'état de la France? Notre pays était divisé en provinces dont les limites étaient autant de barrières pour la circulation des denrées. L'auteur des *Recherches* s'est empressé de demander, d'accord avec les physiocrates, que ces barrières tombassent. Les disciples de Quesnay ont de-

[1] *Journal des Débats.*

mandé avec lui la liberté du commerce des grains. Mais ils voulaient que cette liberté fût illimitée. Forbonnais n'allait pas aussi loin qu'eux; il réclamait l'application à la France du système que les Anglais avaient inauguré en 1689, et qu'il avait préconisé dans les *Éléments du commerce* : la liberté limitée avec la fixation d'un prix de sortie, qui aurait empêché que, dans certaines circonstances, une exportation trop considérable ne vînt compromettre l'ordre et la sécurité du pays.

Avec l'appui du gouvernement, les physiocrates l'emportèrent; le prix de sortie fut supprimé; mais alors se produisit une crise anti-économique qui amena les plus graves désordres, et en même temps le retrait de toutes les mesures prises en faveur de la liberté.

Le calme ne se rétablit complètement que lorsque, à l'avènement de Louis XVI, un arrêt du Conseil[1] autorisa la libre circulation entre

[1] Arrêt de janvier 1771.

[2] *Idem*, p. .

les provinces, en ajournant la liberté de la vente hors du royaume, jusqu'à ce que les circonstances devinssent plus faciles. Quel recul ?

Dans les *Éléments du commerce*, Forbonnais cite les neuf maximes anglaises, servant à apprécier l'utilité des opérations commerciales, entre autres celle-ci :

« L'importation des marchandises, qui empêchent la consommation de celles du pays, et qui nuisent au progrès de ses manufactures et de ses cultures, entraînerait nécessairement la ruine d'une nation [1]. »

C'est certainement la formule du système prohibitif dans toute sa force. Mais M. Schelle ne l'a-t-il pas exagérée dans l'application qu'il en prête à Forbonnais et que je n'ai pu trouver dans son œuvre ?

L'auteur des *Recherches* pose en principe, que c'est pour une nation une obligation absolue d'être, en ce qui concerne ses besoins,

[1] Les *Éléments du commerce*.

dans une parfaite indépendance vis-à-vis des autres nations. Mais il était loin d'être l'ennemi du commerce étranger. C'est, au contraire, en vue du développement de ce commerce que, dans son premier ouvrage il demanda à l'agriculture et à l'industrie « de multiplier leurs efforts pour conquérir, par la multiplicité et le bon marché de leurs produits, la préférence de l'étranger, et ce, dans le but d'augmenter la richesse et la puissance de la nation. »

Ce qu'il a fait de mieux, les *Recherches et les considérations sur les finances de la France*, prouve surabondamment que sa grande préoccupation, au sujet de l'établissement des impôts, dont il connaissait admirable ment l'origine et l'histoire, était que leur établissement ou leur augmentation ne pût nuire au progrès du commerce [1].

[1] Voir dans l'Appendice les remarquables jugements portés par Forbonnais sur la politique économique de Sully, de Richelieu, de Mazarin et de Colbert.

Tout le système de l'apôtre des physiocrates était basé sur ce principe :

Que la terre est l'unique source de la richesse.

Quesnay en concluait que les hommes devaient être divisés en 3 classes : 1° les propriétaires; 2° les producteurs; 3° ceux qu'il considérait comme ne produisant rien et qu'il rangeait dans une 3° classe dite stérile

Forbonnais, moins exclusif et plus pratique, admettait trois espèces de richesses :

La richesse primitive, celle que produit la terre à son propriétaire ;

Les richesses secondaires, — celles qui sont la suite de la richesse primitive;

Enfin, la richesse conventionnelle, — l'argent.

Il ajoutait :

« La culture ne pouvant avoir lieu sans instruments, il y a un rapport de *nécessite* entre la culture et l'industrie. »

« C'est l'industrie qui produit les richesses secondaires, qui utilise ainsi l'excédent que laisse au propriétaire le remboursement de l'avance et des frais de culture et qui, par l'emploi de son superflu, crée de nouveaux produits; enfin, le fait *riche* en multipliant ses jouissances. »

Telle est, dans toute sa simplicité, la doctrine de Forbonnais. Il l'avait puisée dans l'observation des faits, et n'avait pas cru nécessaire de remonter aux lois qui régissent l'univers, pour découvrir celles qui ont présidé à l'établissement de la société.

Les physiocrates, ne considérant pas comme richesse ce que le travail, la main-d'œuvre peut produire, ils n'étaient pas non plus d'accord avec Forbonnais, sur le rôle que joue l'argent en ce monde. Ils lui refusaient la possibilité de faire fonction d'immeuble, et ne paraissent avoir attaché aucune importance aux questions de circulation et de crédit.

Forbonnais, au contraire, regardait tout ce qui pouvait faciliter la circulation de l'argent, développer le crédit, comme de première nécessité pour donner à une nation toute la force, toute la puissance dont elle peut avoir besoin.

C'est dans la même pensée qu'il préconisait l'établissement et l'entretien des colonies. Il y voyait « le moyen d'assurer à la métropole une plus grande consommation de ses denrées, plus d'occupation à ses commerçants, ses artisans, ses ouvriers, ses matelots, et aux autres peuples la formation d'un plus grand superflu. »

Voulant, pour ces colonies comme pour la métropole, une protection toujours en éveil, toujours efficace, il rappelait, en toute occasion, qu'une grande nation, assise sur deux mers, devait avoir une marine militaire fortement organisée, et recrutée dans une marine marchande maintenue en grande activité.

On a reproché à Forbonnais d'être protectionniste. — Pourrait-on le lui reprocher à l'époque où nous vivons? Quand on voit les progrès qu'ont fait l'agriculture et l'industrie depuis un siècle et demi, peut-on s'étonner de la protection dont voulait les entourer, au début, un économiste aussi éclairé, aussi dévoué aux intérêts de son pays que l'était Forbonnais?

Du reste, que demandait-il aux agriculteurs, aux industriels? « de produire à bon marché. »

On a dit aussi, que Forbonnais n'avait pas su se dégager des préjugés du système mercantile dérivé de la balance du commerce. Il a très nettement défini ce qu'on doit entendre par la balance du commerce : « La différence du montant des achats d'une nation et du montant de ses ventes au dehors » ; et il a fait voir combien les physiocrates s'étaient trompés sur la portée de sa définition. Mais il n'a dit, nulle part, que la balance du commerce n'était favorable qu'autant que la valeur des exportations dépassait celle des importations, ce qui est la formule du système *mercantile*. Il a fait voir à quelles erreurs on s'exposait, faute de connaître tous les éléments qui entrent dans l'établissement d'une balance.

Après avoir dit « qu'une balance avantageuse est le fruit de diverses branches mécaniques du commerce », il a formulé ainsi « les points fondamentaux auxquels doivent tendre les opérations particulières d'une nation :

« 1° Regarder le commerce comme son intérêt principal;

« 2° Augmenter le nombre des travailleurs;

« 3° Augmenter son capital en denrées;

« 4° Faire en sorte qu'il soit de l'intérêt des étrangers de commercer avec elle[1]. »

Assurément, il n'y a rien dans tout cela que de très rationnel, et l'on ne saurait y trouver aucune de ces graves erreurs que leur auteur aurait commises. Ces erreurs, nous les avons recherchées consciencieusement, il faut qu'elles nous aient échappé. Mais il a dû en être de même pour ses contemporains, car les succès extraordinaires de ses ouvrages ne peuvent laisser aucun doute sur le rare mé-

[1] *Éléments du commerce*, t. II, p. 315.

rite et la grande utilité qu'ils ont eus à leurs yeux.

Aujourd'hui, après les progrès accomplis, grâce aux travaux d'Adam Smith et de J.-B. Say, pour ne citer que les plus illustres, le public sait combien sont nombreuses les sources de richesse que possède l'humanité; et on a oublié combien était étroite la base de la doctrine de Quesnay et de ses disciples. Mais on paraît avoir oublié aussi que c'est Forbonnais, qui l'a victorieusement combattue, et qu'il a ainsi rendu un immense service à la cause économique.

Le rappeler est assurément un acte de justice. — Tel est le motif qui nous a fait entreprendre la longue étude que nous terminons. Celle-ci eût été plus intéressante, si nous avions eu à notre disposition la bibliothèque et la correspondance de Forbonnais; nous les avons vainement cherchés à la Bibliothèque nationale et à la bibliothèque du Mans.

Comme nous l'avons dit en commençant, nous n'avons eu d'autre ressource, au point de vue historique, que la *Vie littéraire de Forbonnais*, écrite par J. de l'Isle Salle, membre de l'Institut national, où il était le collègue de Forbonnais, et l'*Éloge historique de Forbonnais*, lu par son neveu à la Société libre des arts du Mans.

Nous ne saurions mieux résumer tout ce qui a été dit et peut être dit de Forbonnais qu'en reproduisant ci-après les termes, par lesquels la Société libre des arts du Mans, en adoptant l'*Éloge*, l'a consacré à la mémoire de « son vertueux et savant concitoyen et collègue.

« *Elle ne croit pouvoir mieux l'honorer, que par l'engagement solennel de prendre ses rares qualités, ses talents et ses vertus pour modèle, et de consigner son nom, avec tous ses titres, à l'estime et la reconnaissance nationale, dans les fastes de l'histoire, qui les transmettra à la Postérité.* »

Janvier 1899.

FIN

APPENDICE

EXTRAITS DES RECHERCHES ET CONSIDÉRATIONS SUR LES FINANCES DE LA FRANCE. ADMINISTRATION ET POLITIQUE ÉCONOMIQUE

SULLY

1560 – 1641

En 1595, Henri IV fit entrer M. de Sully dans son Conseil. « Il s'était aperçu que les membres de ce Conseil étaient dans toutes les affaires. » Déjà, en 1593, Sully avait tracé le plan de ce qui lui paraissait le plus propre à rétablir l'ordre dans le royaume. Ce plan consistait à dresser l'inventaire : 1° des ressources ou revenus de l'État; 2° de toutes les dettes du paiement desquelles il était tenu ; 3° de tous les officiers tant royaux, communaux, militaires, que de judicature.

Le premier soin de Sully fut de se transporter dans les principales généralités du royaume et d'envoyer dans les autres des hommes ayant sa confiance. Ainsi éclairé sur les moyens employés pour détourner les fonds publics, il prit les mesures nécessaires pour assurer leur rentrée et l'exactitude des paiements. En 1596, s'ouvrit l'assemblée des notables appelés à rechercher les moyens de rétablir les finances de la monarchie. Cette assemblée reconnut son impuissance et demanda à être déchargée de sa mission.

En 1595, les dettes de la France montaient à 297 millions, les charges ne montaient pas à moins de 16 millions, et les parties qui rentraient au Trésor de l'épargne n'étaient au plus que de 7 millions environ. Sully mit dans une caisse à part l'excédent de la recette sur la dépense, destina le montant à acquitter les parties les plus pressées et les plus légitimes. Sa maxime principale était d'appliquer à chaque partie de la dépense une partie de la recette.

L'ordre et l'économie furent si bien ménagés que le roi n'en revenait pas.

La surprise d'Amiens par les Espagnols rompit les projets de conquête d'Henri, et jeta la consternation dans le royaume. Il fallut trouver de l'argent. « L'embarras n'a jamais été d'en trouver, le point principal, remarque Forbonnais, « était de ne pas, en opprimant les campagnes, se priver ainsi des ressources les plus fécondes. » Sully proposa les expédients qui parurent « les plus doux » dans les nécessités actuelles. »

Après la reprise d'Amiens — septembre 1597 — et la paix de Vervins, le roi fit une remise absolue à ses sujets, de 20 millions d'arrérages sur les tailles de 1594, 1595, 1596. Il fut défendu de saisir, sous aucun prétexte, le bétail et les outils des laboureurs.

La paix étant établie au dedans et au dehors, on travailla à l'économie des finances. La première opération fut la réforme d'une partie des troupes; la seconde, la suppression des sous-fermiers; la troisième, la mise aux enchères des fermes générales.

Sully travailla à remettre entre les mains du roi les aliénations ou engagements de certains revenus en tailles, aides ou gabelles qui étaient entre les mains des plus grands seigneurs.

Ceux-ci en furent révoltés et les calomnies et les importunités redoublèrent; la bonté du prince les rendit « sensibles. » M. de Sully, préparé à tout, déclara, « que chacun serait payé annuellement, au Trésor royal, sur le pied des baux qu'il aurait faits; mais qu'on ne pouvait se plaindre de ce que Sa Majesté, en faisant administrer ses droits par ses officiers, augmentait ses revenus de 600,000 écus. »

Une défense très sévère de ne rien percevoir au delà de ce que portaient ses ordonnances, avec injonction aux trésoriers d'y veiller, arrêta le cours de ces concussions. Tant de travaux et de succès furent récompensés par le rétablissement de la charge de surintendant des finances, en faveur de M. de Sully. On jeta les fondements d'une marine. Forbonnais fait observer que nul État ne peut entretenir une marine, si le commerce ne forme ni ne nourrit pas ses matelots pendant la paix. Mais comment espérer que le commerce se développe au milieu des embarras multipliés des douanes et de cette multitude de péages qu'on avait rétablis?

On doit cependant rendre cette justice à M. de Sully qu'il représenta très fortement au Roi, dans diverses occasions, que tous les petits droits, dont il gratifiait ses courtisans ruinaient le commerce. Par une espèce de dédommagement des impositions ainsi établies, il fut rendu un édit en faveur de la navigation. Le Roi ordonna habilement, d'exiger des vaisseaux étrangers les mêmes droits que ceux auxquels les nôtres étaient imposés.

M. de Sully était peu disposé à favoriser les manufactures; son maître voyait plus loin que lui; il donna de grandes sommes aux manufactures de tapisseries de Flandre et de toiles, façon de Hollande.

Le roi envoya une colonie au Canada, et accorda de grands privilèges à une compagnie formée pour le commerce des Indes orientales. Cependant, faute de ressources pour établir des gratifications, l'interdiction de l'entrée des étoffes de soie d'or et d'argent fut prononcée en faveur de la fabrique de Tours. Beaucoup de marchands représentèrent, que le commerce était perdu parce qu'ils ne faisaient plus leur gain ordinaire.

En ces matières, la difficulté est grande pour les gouvernements. Forbonnais rappelle, « que l'art de découvrir les sources les plus abondantes, les canaux les plus faciles, est le vrai principe de l'établissement des impôts. Une des plus utiles réformes de l'année 1601, fut la réduction de l'intérêt de l'argent denier dix et douze au denier seize.

Malgré la quantité prodigieuse d'argent étranger, on était persuadé que le royaume s'épuisait par les denrées de luxe que lui fournissaient ses voisins. Il y avait du profit à enlever notre or, pour les pays où il était le plus cher. M. de Sully ne pouvait remédier au désordre, qu'en haussant le cours des espèces étrangères, mais on s'aperçut que la confusion était encore plus grande.

Quoiqu'on ne puisse pas accuser M. de Sully d'avoir favorisé les financiers, il ne se prêta que, malgré lui, à l'établissement d'une chambre de justice, pour rechercher ceux qui avaient malversé dans leur emploi. Son avis était de diminuer leur profit excessif; mais il voulait que, sans rechercher les petits employés, on se contentât de s'arranger de gré à gré avec leurs chefs. Le roi le promit, c'était plus qu'il ne pouvait tenir.

L'argent, qui provint des recherches de la chambre de justice, servit en partie à supprimer une quantité d'offices de toute espèce, dans le bureau des finances, ce qui était une opération vraiment propre à diminuer le fardeau du pays.

M. de Sully fut obligé d'aller en Angleterre pour une négociation très importante. Son retour fut signalé par l'établissement d'une commission chargée de vérifier les rentes constituées sur l'État. Cette vérification produisit au Roi six millions de rente.

L'État avait alors trente millions de revenu, et les aliénations restantes en emportaient plus de la moitié. Ainsi, on était parvenu successivement par les aliénations perpétuelles, à faire payer au peuple le double de ce que le maintien de la société exigeait.

On dut néanmoins recourir à quelques expédients, pour aider au remboursement des dettes les plus pressées. Le droit de franc-fief fut l'un d'eux. Le surintendant partageait personnellement le sentiment des nobles, qui refusaient aux roturiers la liberté d'acquérir des fiefs.

Un autre expédient, moins justifié, fut l'obligation imposée aux artisans de prendre des lettres de maîtrise, et de payer, tant au Roi qu'aux communautés, un droit de réception.

M. le duc de Sully modéra, à la vérité, considérablement la portée excessive du droit royal de franc-fief; mais il poussa fort loin l'exactitude des lettres de maîtrise. Ce sont les traitants qui nous ont inondés de ces sortes de maximes, prétendues d'ordre public, bien dignes d'une telle source.

A ce moment s'éleva une grande contestation entre l'Espagne et la France. Le roi d'Espagne imposa un droit de 30 p. °/₀ sur les marchandises venant de France, ou sortant d'Espagne pour la France. Le conseil de France crut montrer une grande vigueur, en renchérissant sur cette insulte, par l'interdiction du commerce. Le roi se montra résolu à protéger par les armes le commerce de ses sujets. Au bout de peu de temps, les choses furent rétablies dans l'état primitif.

1605. — M. de Sully commença alors l'exécution du canal, qu'il avait projeté depuis longtemps entre la Seine et la Loire (canal de Briare). Pour cette exécution, il préféra la voie des impositions aux corvées. Les ouvrages en furent poussés avec plus de vigueur.

Forbonnais n'a point découvert la date précise de l'établissement de la douane de Lyon : mais il trouve qu'avant François Ier son droit ne se payait que sur les draps d'or et d'argent, afin de favoriser les fabriques de Lyon et de Tours, preuve certaine, dit-il, « que les grands principes du commerce étaient connus anciennement. »

En 1606, encore, les recherches se continuaien cependant contre les financiers, et toujours avec aussi peu de succès, parce qu'ils étaient protégés contre le ministre.

On en vint avec eux à une imposition, qui eut pour effet de faire payer les taxes par les petits et leurs subalternes.

M. de Sully, revêtu alors du titre si bien mérité de duc, ne se contenta pas de rétablir l'ordre dans le maniement des finances. Il se proposa de prévenir les abus pour la suite. Il commença par exiger des fermiers une déclaration sous serment, qu'aucun étranger n'était intéressé avec eux.

Sully fit procéder à une opération aussi juste qu'utile. Après des informations très circonstanciées prises dans toutes les provinces, on fit rentrer Sa Majesté dans toutes les aliénations, dont le titre ne parut pas suffisant, en exigeant des dédommagements. La réduction des intérêts procurait une grande facilité à cette économie. On évaluait à un capital de quatre-vingt millions ceux dont il procura la rentrée.

A cette occasion, Forbonnais pose la question de savoir « s'il est avantageux à l'État que le roi possède des domaines ; l'affirmation « ne lui paraît pas douteuse pour les bois ; mais, à l'égard des autres fonds, il lui semble qu'il serait plutôt avantageux de les inféoder, par petites portions, pour cent ans à des familles qui les cultiveraient et les amélioreraient comme leur propre bien ».

Ce fut dans le même esprit d'économie et de réforme, que l'on remboursa une partie des rentes de l'Hôtel de Ville de Paris, dont le paiement emportait le plus clair des revenus. L'origine de ces rentes date de 1522, sous François Ier ; à la fin du règne d'Henri IV, il n'en restait plus que pour une somme de 2.800.955 livres.

Il fut établi en 1607, un conseil du commerce, composé de différents officiers du département et de la cour des aides ; mais cet établissement fut bientôt abandonné, l'État n'en retirant aucun fruit, « parce que, dit Forbonnais, pour conduire le commerce il faut savoir comment il se fait ».

Un édit ordonna les recherches des usures et les supprima. « Enfin, la suppression des privilèges inutiles et usurpés ne fut pas une des moindres attentions du gouvernement. »

Ce fut par de semblables opérations que, malgré l'épuisement du royaume, M. le duc de Sully trouva le moyen, en moins de quinze ans, de diminuer les tailles de cinq millions, les droits intérieurs et autres petites impositions, de moitié ; d'augmenter les revenus de quatre millions, d'acquitter cent millions de capitaux de rentes sur l'État, de racheter pour trente-cinq millions de domaines.

Forbonnais donne le détail des fournitures d'armes, artillerie et munitions dans les magasins du roi ; des meubles achetés par le roi, des fortifications, des places frontières mises en bon état, des bâtiments construits pour le roi et les églises, etc. Le tout avait coûté une somme de 31.325.000 livres.

En outre, il se trouvait dans les coffres du roi, soit en espèces, soit en crédit, une somme de 41.074.000 livres.

On a trouvé qu'une pareille somme était beaucoup trop forte pour la richesse de ce temps-là. Forbonnais estime qu'elle peut être justifiée, en partie, par la nécessité d'une forte réserve, en présence des événements qui pouvaient se présenter.

Forbonnais termine par l'éloge du duc de Sully :

« Guerrier habile, et le plus grand officier d'artillerie qu'on eût encore vu, adroit organisateur, sage et ferme politique, il ne réussit pas moins, en général, dans l'administration des finances.

« S'il n'apporta pas toujours des idées parfaitement nettes dans la connaissance des sources, d'où dérivent les finances, c'est qu'elles ne pouvaient être connues, après quarante années de troubles intérieurs, de ravages et de confusions. »

« Il méconnut le bénéfice des manufactures de luxe, il chargea le commerce de quelques droits intérieurs, mais on ne peut, du moins, lui refuser la gloire d'avoir mieux conçu que tous ceux qui l'ont suivi, la nécessité d'encourager l'agriculture du côté du commerce, de faire entrer l'argent des étrangers dans les campagnes.

« Il connut la bonne combinaison des divers impôts, sans en tirer peut-être tout le parti convenable ; mais, il sut faire tomber sur les riches, en partie, le montant des remises accordées aux campagnes, et dont l'État ne pouvait se passer dans sa position. Il excella particulièrement dans l'ordre des comptes, des recettes et des dépenses, dans l'exactitude à maintenir ses engagements, enfin dans l'économie qui fait toujours le fond des richesses le plus solide et le plus utile dans un État.

« Le germe des plus grandes vues de police intérieure était dans sa tête. On en peut juger par divers projets, dont la mort du roi arrêta l'exécution, par le soin qu'il prit de diminuer l'intérêt de l'argent, le nombre des rentiers et des offices inutiles, par les établissements qu'il fit des canaux et des grandes routes.

« Encore tous les talents de M. de Sully n'eussent-ils réussi qu'imparfaitement, s'ils ne lui eussent mérité de la part de son maître assez de confiance et d'autorité pour se livrer tranquillement à ses projets. Pourvu de diverses charges, à la fois ; confident des peines domestiques et des vastes projets du prince, l'âme de tous les conseils de l'État, il fut le restaurateur de toutes les parties qui lui étaient confiées.

« Une sévérité, peut-être un peu trop grande, dans ses mœurs, quelque attachement à ses opinions, une économie peut-être trop générale ; et surtout l'avidité des courtisans, contre laquelle il soutint avec fermeté les intérêts du prince et des peuples, lui acquirent une réputation de dureté qui n'était pas dans son cœur. Il aimait les peuples, parce qu'il aimait le roi ; il fut toujours l'interprète de leurs besoins au pied du trône. Moins jaloux de son crédit qu'ardent pour le service public, il exhortait volontiers les gens de qualité à se former aux affaires ; et était persuadé que leur place véritable était dans le conseil des rois, que ce point de vue était propre à bannir la frivolité ridicule des cours, à y entretenir l'émulation, à y répandre l'instruction sur les affaires du dedans et du dehors. »

RICHELIEU

1585–1642

1610. — « La prospérité de la France disparut avec Henri, dit Forbonnais, et peut-être le royaume se ressent-il encore aujourd'hui du coup affreux qui trancha les jours d'un des meilleurs et de ses plus grands rois.

« Une régente [1] avide d'un pouvoir qu'elle n'était pas capable d'exercer, des grands, ambitieux et jaloux les uns des autres, des conseillers vendus à la fortune s'assirent au timon de l'État. » Le gouvernement tomba des mains vigoureuses qui l'avaient relevé dans un état de désordre et de faiblesse des plus affligeants. »

La perception des impôts, devenue plus difficile, fut négligée, et le trésor public fut livré au pillage.

En 1614, le roi atteignit sa majorité.

On crut remédier aux difficultés de la situation, en convoquant les États-Généraux. Ils aboutirent à des

[1] Marie de Médicis.

discussions entre les trois ordres ; les intérêts particuliers firent négliger l'intérêt public.

La première question longtemps débattue, et sur laquelle on ne put s'entendre, fut l'abolition de l'hérédité et de la vénalité des charges ; on ne s'accorda pas davantage sur les offices, dont le nombre dépassait toute mesure.

« Le cahier du Tiers-État contenait divers articles intéressants qui ne doivent être oubliés, parce qu'ils sont fondés sur des raisons qui ne doivent pas se perdre. Le Tiers-État demandait : la suppression des douanes intérieures ; la suppression des règlements sur les mines ; la suppression de toutes les maîtrises de métier établies depuis 1576 ; la démolition des forteresses qui, sans utilité pour la défense du territoire, peuvent servir aux perturbateurs du repos public ;

« Qu'il fût permis à tous marchands de faire trafic en la nouvelle France du Canada, que la liberté du commerce et du trafic des marchandises fût rétablie en tous lieux et pour toutes choses. . . . . . »

Forbonnais est dans l'admiration devant ce monument précieux des principes de nos pères. « Quelle honte, dit-il, d'en avoir perdu la trace, et de regarder comme une nouveauté ce que les états assemblés ont déposé aux pieds du trône, il y a cent cinquante ans ! »

L'auteur des *Recherches* se déclare néanmoins « partisan de l'hérédité et de la vénalité des charges, qu'il considère, comme la source d'un impôt utile, qui ne porte pas sur le peuple. »

« La clôture de l'Assemblée eut lieu le 23 février 1615, après la remise des cahiers généraux.

« C'est aux États-Généraux de 1614 que Richelieu fit son entrée dans les affaires. Il fut choisi comme orateur par le clergé. Son éloquence lui donna immédiatement une incontestable supériorité ; la reine, dont il était l'aumônier, ne tarda pas à lui ouvrir le conseil. Le 30 novembre 1616, elle le nomma secrétaire d'État pour l'intérieur et pour la guerre. Louis XIII, bien qu'assez mal disposé pour lui, l'accepta. »

Forbonnais dit que Richelieu attribua à quatre causes principales l'affaiblissement de la France :

« 1° L'ambition et les entreprises continuelles de la maison d'Autriche ;

« 2° La licence des grands ;

« 3° L'absence d'un corps suffisant de troupes aguerries ;

« 4° Le manque de fonds pour les entreprises extraordinaires. »

Le remède à apporter à ces quatre « maladies » fit l'objet de tous ses soins.

A partir de ce moment, on sentit une main plus ferme et plus sûre dans le gouvernement.

La misère était générale ; l'avidité, le faste de Concini révoltait toutes les classes de la nation. Le roi, qui n'avait que seize ans, donna l'ordre d'arrêter le maréchal d'Ancre, et de le tuer s'il résistait; ce qui arriva.

« Sa mort, dit Forbonnais, fut le signal de l'obéissance. » La reine fut exilée, Richelieu fut momentanément écarté du pouvoir. Le total des impositions, depuis la mort du feu roi, s'était déjà accru de quatre à cinq millions. Les campagnes avaient ressenti tous les maux qu'entraînent avec elles les guerres civiles. Le gouvernement ne trouva d'autre ressource que de convoquer à Rouen l'assemblée des notables.

Forbonnais donne le résumé des demandes de l'assemblée. Celles-ci reproduisent en grande partie celles de l'assemblée des États-Généraux de 1614. Il dit : « Que la plus utile réforme qui se puisse apporter à l'État, est la suppression et la réduction des offices, qui mangeaient et dévoraient le peuple. » Néanmoins, le besoin fit créer de nouveaux titres et de leur attribuer l'hérédité.

« La plupart de ces offices étaient, dit Forbonnais, autant de tyrans créés pour mettre le commerce à contribution, gêner sa liberté, et anéantir la consommation. »

La révolte de « ceux de la religion protestante prétendue réformée », acheva d'écraser les campagnes, là où la guerre s'établit.

« Tel fut, dit Forbonnais, le fond de la fatale politique, qui avait imaginé la création des places de sûreté; au droit naturel de la liberté de conscience, on associa des intérêts politiques qui tinrent bientôt le premier rang, on s'accoutuma de part et d'autre, à les confondre en une liberté légitime, qu'on n'aurait jamais songé à leur disputer, s'ils n'avaient prétendu à une puissance qui ne leur appartenait pas. »

Forbonnais donne le détail des mesures prises pour se procurer les fonds nécessaires au soutien de la guerre. A cette occasion, le clergé offrit une somme de trois millions six cent mille livres, à la condition qu'ils seraient employés au siège de la Rochelle.

En 1623, parurent plusieurs écrits sur la mauvaise administration des finances pendant la guerre. Aucune des sages propositions des États-Généraux et des assemblées des notables n'avait reçu la moindre exécution.

Pour capter la confiance du roi, trop aisé à gouverner, on le remplissait de soupçons contre tous ceux qui lui donnaient ombrage. Les talents de Richelieu, devenu cardinal, trouvèrent cependant grâce devant lui. Il résolut « de s'en étayer » et le fit déclarer chef du Conseil, et en 1624, surintendant des finances.

La même année, pour satisfaire au vœu émis par les États-Généraux, une chambre de justice fut établie, pour rechercher les malversations commises par les financiers. Ceux qui se sentirent les plus coupables prirent la fuite; ils furent condamnés par contumace et pendus en effigie.

Louis XIII, touché de la désolation des familles

ainsi frappées, accorda aux moins coupables leur absolution, à charge qu'ils paieraient les taxes réparties entre eux par le Conseil. Le produit de ces taxes fut de dix millions huit cent mille livres.

Le trésor était épuisé, et cependant la situation exigeait le paiement du subside annuel aux Hollandais et l'entretien de quatre armées sur pied, en Languedoc, en Poitou, à La Valteline et en Italie.

On fit de grandes économies, par le retranchement, dans l'état des pensions, d'une foule de protégés inutiles, et par la défense faite aux secrétaires d'État, de signer aucune ordonnance sur le Trésor, sans le commandement formel du roi ; mais, cela ne suffit pas, on dut constituer de nouvelles rentes et augmenter certains droits.

On avait épuisé tous les expédients de finance dans chacune des années 1620, 1621, 1622, la dépense avait monté à quarante millions, les dettes étaient de cinquante-deux millions, les revenus réduits à seize millions, et la misère du peuple paraissait interdire toute augmentation des tailles.

Forbonnais reproduit *in extenso* un remarquable rapport du marquis d'Effiat, surintendant des finances, qui donne « une idée juste de la situation, où seize années seulement de prodigalité et de mauvaise administration avaient réduit le peuple et l'État. Heureusement pour la France, la plupart des États de l'Europe n'étaient pas en meilleure posture. »

La clôture de l'assemblée eut lieu le 24 février 1627,

par une déclaration du roi, dans laquelle il dit que son dessein est :

« De rétablir le commerce et d'amplifier ses privilèges, de faire en sorte que la condition du trafic soit tenue en l'honneur qui lui appartient, et rendue considérable entre ses sujets, afin que chacun y demeure volontiers, sans porter envie aux autres conditions; de diminuer les charges sur son pauvre peuple, par tous les moyens possibles.

« Il s'obligeait, en foi et paroles de roi, de le soulager de trois millions de livres dans les cinq années prochaines. »

Forbonnais rend compte des principales réponses de l'assemblée, sur les diverses propositions qui lui furent faites de la part du roi.

« L'article des grains est remarquable, dit Forbonnais. » L'assemblée estime que, pour remédier à la pénurie des grains en années moins fructueuses, et faire que le peuple puisse en être assisté et secouru à un prix raisonnable, il est nécessaire, dès lors que cette disette pourra être prévue, de faire la défense des traités et des sorties de grains hors le royaume, dans les provinces « *qui seront menacées et les circonvoisines qui les peuvent secourir.* »

« On voit, ajoute-t-il, qu'alors on regardait la sortie des grains à l'étranger, comme indispensable à la prospérité publique, puisque le cas de disette n'excluait pas la sortie du Royaume. »

En 1627, les protestants s'étaient révoltés de nouveau. La prise de La Rochelle fut résolue, la nécessité le voulait à « quelque prix que ce fût ». Ce surcroît de dépenses jeta cependant le surintendant des finances dans un étrange embarras. Le clergé fournit de nouveau trois millions pour hâter le résulat.

Les rebelles et l'Angleterre avaient bien compté sur l'impuissance où se trouverait le roi de soutenir tant de dépenses. L'exactitude du ministre à veiller sur les recouvrements, en renouvelant les ordonnances de M. de Sully au sujet des comptables, et son économie dans toutes les parties de détail, furent de la plus grande ressource.

Vers ce temps, à peu près, prit naissance un droit qui, depuis, a formé une des branches considérables du produit des fermes. Ce droit fut nommé du nom de la plante d'où sortait la matière taxée : le *tabac*.

« En 1632, la France fit une véritable perte dans le maréchal, marquis d'Effiat, qui réunit aux vertus guerrières et à l'art des négociations, des vues droites sur l'administration intérieure. Les années, pendant lesquelles la surintendance lui fut confiée, furent si agitées et si coûteuses à l'État, que ce fut une grande habileté de faire face à tout sans accroître le désordre. »

En 1634, commença la remise d'un quartier de taille, en même temps que la suppression de plusieurs impositions extraordinaires, et la révocation de près de cent mille offices ou privilèges de nouvelle création. La révocation fut si générale, que les ecclésiastiques, et les commensaux de la maison du roi furent obligés d'obtenir des déclarations, où il fut spécifié qu'on n'avait pas prétendu les y comprendre.

Dans les années 1617 et 1621, il avait été aliéné, soit en offices, soit en droits, jusqu'à la somme de vingt millions de rente sur les tailles et sur les gabelles. Au mois de janvier 1633, les acquéreurs furent taxés à une somme de cinq millions pour jouir de cinq cent soixante-dix mille huit cents livres de revenu. Au mois de février, toutes ces aliénations furent supprimées, et, pour les rembourser, le roi créa huit millions de rente sur les tailles, et trois millions de rente sur les gabelles.

Le préambule de l'Édit porte « que, les engagistes des aliénations et les titulaires d'offices ont acquis à si bas prix, que les jouissances ont remboursé plusieurs fois le capital ; et que Sa Majesté, dans le droit, pourrait être dispensé de tout dédommagement, mais que, pour ne pas porter atteinte à la foi publique, les propriétaires seront remboursés au denier quinze. »

On s'était si bien trouvé sous le règne précédent, de la réduction des intérêts, que M. le cardinal de Richelieu fit rendre un édit pour les réduire au denier dix-huit.

» En 1635, les galères nouvellement construites manquaient d'hommes ; le roi donna l'ordre de resserrer tous les vagabonds, les mendiants et gens sans aveu, et de les occuper par un travail utile à l'État. »

Les affaires générales de l'Europe ne laissèrent pas jouir la France de la tranquillité qui commençait à se faire sentir au dedans, le roi fut obligé de mettre sur pied cinq grandes armées. Il eut recours au clergé; « l'assemblée éluda ses propositions et fit des remontrances très vives et très touchantes sur sa pauvreté. Le roi fit réponse aux députés, « que les nécessités de son État étaient réelles et effectives, qu'il avait arrêté les armées ennemies sur la frontière, que, s'il ne l'eût pas fait, elles eussent porté la guerre au cœur du royaume, et qu'alors les églises et les ecclésiastiques, étant ruinés, eussent voulu avoir donné, trois fois plus qu'il ne leur était demandé.

« Qu'il se contenterait d'un subside de trois millions six cent mille livres, en un contrat de trois cent mille livres de rente, remboursables au roi au denier douze. »

La subvention annuelle de treize cent mille livres fut aussi renouvelée pour dix ans. Pour le surplus, on créa des charges nouvelles; on constitua cent vingt mille livres de rente, au denier dix-huit, sur les recettes générales, et sept cent mille livres sur les gabelles.

En 1636, on s'aperçut que le peuple avait surhaussé les monnaies d'or dans le commerce, à la faveur de la confusion des diverses espèces étrangères qui avaient cours; on s'imagina gagner quelque chose, en surhaussant les espèces d'or et d'argent fort au-dessus du prix que le peuple en donnait. Au lieu de réformer le désordre, on dérangea ainsi extraordinairement le commerce, les propriétaires de rentes féodales et la Constitution.

« Malgré les occupations d'une guerre sanglante et coûteuse, M. le cardinal de Richelieu ne laissa pas de répandre des grâces sur les arts. Il fonda l'Académie française pour distinguer et encourager les œuvres littéraires.

« Ce génie créateur travaillait, tout à la fois à nous polir et à nous procurer de nouvelles richesses. Il favorisa divers établissements à la Martinique et dans les îles adjacentes. »

En 1639, on permit aux entrepreneurs du canal de Briare de le finir à leurs frais, moyennant un droit fixé à percevoir sur toutes les denrées qui y seraient voiturées. Mais on y joignit cette clause, « qu'ayant la propriété, nuls autres n'y pourraient naviguer. » Forbonnais fait remarquer « qu'on crut remédier à la cherté des voitures, tandis que c'est, en ne limitant pas ces concurrences, que les prix baissent. »

Enfin, le commerce étranger fut rétabli, dans l'espérance, dit le roi : « que la vente des blés, des vins et des eaux-de-vie, soulagerait le peuple. » Cette déclaration n'est-elle pas, dit encore Forbonnais, « un aveu de la faute commise en défendant cette vente ? »

A peine le peuple avait-il commencé à goûter les fruits de cet édit, qu'on précipita le commerce dans un bouleversement affreux, par une seconde opération fausse faite sur les monnaies. On persuada aux surintendants que le roi ferait un grand profit sur ses créanciers, en ordonnant que toutes les espèces d'or et d'argent seraient prises à leur prix ordinaire, dans le commerce, sans être pesées. On n'avait pas vu que le roi, étant le plus grand créancier de son État, toutes les espèces faibles devaient naturellement être portées à ses recettes. La confusion monta à un tel excès que l'édit fut promptement révoqué.

Pour en arrêter les suites funestes, on prit enfin, en 1640, le seul parti qu'il y avait à suivre : les espèces légères furent décriées, et converties en louis d'or. En 1641, on fut obligé de convertir les espèces d'argent que les rongeurs continuaient d'affaiblir. On porta le prix du marc d'argent-le-roi à vingt-six livres dix sous, pour établir la proportion de un à treize et quarante-neuf cinquante cinquièmes, qui était alors la plus haute de l'Europe.

La réforme ne produisit pas les effets qu'on en attendait, parce qu'on laissa un libre cours aux réaux et à la pistole d'Espagne.

La dureté des impositions excita des séditions en divers endroits. La punition des coupables, quoique juste et nécessaire, ne laissait pas d'accroître encore l'accablement et la mauvaise disposition des peuples.

« Le roi créa six cent mille livres de rentes, dont le capital devait être fourni par les aisés du royaume. Il ne s'agissait plus de choisir entre les moyens : aux grands maux les grands remèdes. »

« Faute de ménagement, on éprouva une infinité de

clameurs et d'obstacles qui firent révoquer la création des six cent mille livres de rentes. On leur substitua le droit de subvention du vingtième du prix sur toutes les marchandises vendues. La levée de cet impôt causa de grandes vexations de la part des régisseurs. Plusieurs provinces et des villes s'en rachetèrent ou le changèrent de nature. »

Le clergé fournit une subvention extraordinaire, dont une partie fut assignée sur le produit du huitième denier, auquel furent taxés, par augmentation, les acquéreurs de tous les biens immeubles aliénés par les ecclésiastiques; l'autre partie, consistant en cinq millions cinq cent mille livres, fut reçue par forme d'amortissement perpétuel des biens possédés alors par le clergé.

Forbonnais, dit à l'occasion de ces dispositions, « qu'en vendant si bon marché les droits de son domaine, le roi voulut favoriser le premier corps de l'État; car il connaissait parfaitement l'étendue de son pouvoir sur les biens ecclésiastiques. » Les commissaires de Sa Majesté représentèrent à l'assemblée du clergé « qu'il n'était pas permis aux gens de main-morte, d'acquérir ou de posséder aucuns héritages et droits immobiliers, sans en obtenir des lettres d'amortissement et en acquitter les droits; que, faute d'y satisfaire, dans l'an et jour, ces acquisitions étaient réunies de droit au domaine; que les ecclésiastiques, qui possédaient une grande partie des biens du royaume, n'avaient, ni obtenu ces permissions, ni payé les droits du roi; que Sa Majesté pouvait les taxer à de grandes sommes pour la conservation de ces privilèges; que cependant, voulant bien, à la recommandation de M. le cardinal de Richelieu, les traiter favorablement, elle se contenterait de 6 millions payables en trois années. »

Forbonnais fait observer, en outre, « que les biens appartenant aux gens de main-morte ne sont pas absolument perdus pour le public, et qu'ils en dépensent le produit dans le royaume » ; mais il ajoute que « l'État perd en général, en ce que ces terres n'entrant plus dans le partage des familles, ce sont autant de moyens de moins pour accroître ou conserver la population. On ne saurait donc veiller trop attentivement à ce que la masse de ces biens ne s'accroissent pas. »

Après avoir exposé toutes les mesures prises afin de pourvoir aux besoins de l'État, et avoir fait connaître « l'énormité des dépenses » auxquelles il fallait satisfaire, Forbonnais continue ainsi :

« Telles sont les détresses dans lesquelles le cardinal de Richelieu laisse l'État en mourant.

« Il serait injuste de le reprocher à ce grand homme, puisqu'elles ne furent pas, autant le fruit des guerres étrangères dictées par la nécessité, que des dissipations qui avaient précédé son ministère; des dissensions domestiques, que suscitèrent tour à tour l'avidité et la licence des grands; l'esprit d'indépendance et de révolte, couvert sous le voile de la liberté de conscience, les tracasseries d'une reine qui voulait de l'autorité pour en abuser, les boutades d'un prince, toujours prêt à sortir de l'obéissance, ou à y rentrer; la basse envie que portèrent les courtisans à sa gloire et plus encore à sa fortune. Richelieu était vériïablement l'homme dont la France avait besoin dans le temps où il vécut, et ses défauts mêmes furent utiles à l'État. Sa sensibilité, peut-être trop grande aux injures, produisit des exemples sévères, mais nécessaires, pour réprimer la licence des grands, et délivrer le peuple de l'oppression sous laquelle il gémissait. Trop actif pour souffrir patiemment que l'effet de ses desseins fût retardé, et peut-être plus jaloux de bien gouverner les hommes que de les persuader, il brusqua quelquefois les préjugés de son siècle, et n'eut pas assez d'égards pour les formes consacrées. Mais il apporta dans les affaires une célérité d'exécution auparavant inconnue. Livré tout entier à des projets vastes et relevés, peut-être n'abaissa-t-il pas assez ses regards sur la dernière classe du peuple. Le chapitre, où il en parle, dans son testament politique, prouve qu'il avait plus souvent tourné ses méditations sur la partie brillante de la politique extérieure, que sur la politique intérieure. Ce grand homme ne manquait pas cependant de vues saines et justes sur les opérations intérieures. Il fonda une marine et connut l'importance du commerce, et le protégea même, autant que la pauvreté du trésor public le lui permit; mais il se trompa quelquefois sur les moyens. En voulant imiter les grandes Compagnies d'Angleterre et de Hollande, il ne compara pas assez les circonstances ; et ne partit pas des principes, source unique de la manière de s'approprier les méthodes étrangères et de les juger. »

MAZARIN

1602-1671

Louis XIII, en mourant, le 14 mai 1643, avait confié la régence du royaume à sa veuve, Anne d'Autriche; mais il avait créé en même temps un conseil, qui limitait son autorité. Anne d'Autriche, impatiente depuis longtemps de son peu de pouvoir, fit annuler cette disposition par le parlement, et donna le pouvoir au cardinal Mazarin, qui, après la mort de Richelieu, avait été appelé à la direction des affaires du dehors.

L'exemple des princes, qui se dévouèrent sincèrement au service du roi, et la bataille de Rocroy, gagnée cinq jours après l'avènement du jeune Louis au trône, firent taire parmi les peuples le ressentiment de leur misère. Les premières années furent tranquilles; mais les difficultés, résultant de l'état des finances, ne tardèrent pas à se produire. Pour y remédier, on créa, en 1644, une taxe sur les maisons bâties dans Paris. Les propriétaires se plaignirent; le parlement, ému par leur plainte, refusa de vérifier l'édit.

En vain, la Reine exposa-t-elle l'impossibilité de charger davantage les campagnes, et la nécessité de pourvoir aux besoins de trois armées en Italie, en Catalogne et en Espagne, elle ne fut pas écoutée.

L'année suivante, on eut recours à un nouvel expédient, et on proposa de vendre toutes les places inutiles qui se trouvaient dans Paris et dans les bonnes villes du royaume, et l'on créa de nouveaux offices. Le gouvernement fut obligé de recourir aux emprunts.

1648. — La connaissance que nos ennemis avaient de nos détresses et des divisions qui commençaient à germer en France, contribuait depuis longtemps à retarder la signature de la paix. Le cardinal n'en était que plus ardent à se procurer de nouveaux fonds, pour pousser vigoureusement les opérations militaires. Plusieurs édits furent rendus. Un cri général s'éleva à la lecture de ces édits. Les conseils violents ne manquaient pas à la cour, la régente y était portée; mais le premier ministre, ne voulant pas s'exposer à perdre le fruit des négociations prêtes à se conclure à Munster, pensa qu'il était plus sage de se retirer d'un mauvais pas.

« Il exécuta avec joie deux conseils que lui donnèrent les magistrats. Ce fut de taxer les financiers, et de révoquer les assignations données à ceux qui avaient avancé de l'argent au roi, « attendu, disait-il, que c'étaient presque tous des gens de rien, ou trop riches ».

Au milieu de ces débats, on apprit enfin la signature du traité de Munster qui assurait la liberté de l'Allemagne.

En 1650, le maréchal de la Meilleraye, surintendant des finances, emprunta, aliéna le plus qu'il put pour soutenir nos armes. Le désordre était général dans toutes les provinces. Les collecteurs, les partisans des tailles n'osaient se montrer avec leurs satellites. Les princes, la noblesse, le peuple, les parlements mêmes, tout fut entraîné tour à tour par l'esprit de vertige.

Le cardinal, après avoir mésusé de la supériorité qu'il croyait avoir acquise sur la nation, pensa lui-même qu'il était trop dangereux de se roidir contre l'émotion générale, et quitta la France.

Cette fuite et la majorité du roi ne laissèrent pas le temps aux divers orages qui se formaient de se réunir. Les parlements rentrèrent dans le devoir; les impôts supprimés en 1640 furent rétablis; d'autres édits furent vérifiés, pour faire payer aux engagistes du domaine une année durevenu de leur engagement. Le 25 janvier 1651, le clergé avait accordé un don gratuit de six cent mille livres pour le sacre du roi.

Le roi revint à Paris, où son autorité se trouva si bien affermie qu'il rappela le cardinal Mazarin.

« La nation ne put refuser son estime à l'habileté et à la constance du premier ministre ; et, passant trop subitement d'une haine aveugle à une adulation honteuse, elle mérita d'en être méprisée. Le cardinal la gouverna, comme un vainqueur absolu, gouverne un pays de conquête. »

En 1651, fut établie la première tontine, ainsi nommée du nom d'un Italien nommé Tonti, qui l'imagina. Le privilège, qu'ont les acquéreurs d'hériter de ceux qui décèdent, était bien propre à engager les particuliers à y employer quelques sommes, et à procurer très promptement au gouvernement les fonds dont il avait besoin. Forbonnais estime « que de tous les expédients de finance il peut être le plus onéreux, puisqu'il faut un siècle environ pour éteindre une tontine dont les intérêts sont cependant d'ordinaire à un très fort denier. »

Le cardinal, à son retour en 1653, trouva la surintendance vacante, et en partagea les fonctions entre MM. Fouquet et Servien.

L'empire que le premier ministre avait pris sur l'esprit du roi et de la reine mère laissait moins aux surintendants l'exercice de leur charge que de l'obéissance. Obligés de chercher de l'argent à quelque prix que ce fût, ils furent moins, au titre près, les administrateurs que les courtiers des finances. Les fonds rentrèrent, quand il plut aux receveurs, et le roi paya sur ses propres fonds de grosses usures. »

En 1654, chacun, faisant réflexion sur les désordres des affaires et sur la banqueroute de 1648, voulut retirer son argent. Il manqua absolument sur la place, personne ne voulut prêter sur les assignations de 1654. — Dix-sept édits furent publiés.

La défiance générale, inspirée par le peu de sûreté qu'on trouvait dans les paroles du cardinal, rendait presque tous ses édits inutiles. Le cardinal assembla les financiers, les menaça de révoquer leurs assignations, s'ils ne lui fournissaient de l'argent ; plus le mal devenait public, plus les bourses se resserraient. Dans cette situation, on eut recours au crédit personnel de M. Fouquet, il fut seul chargé du recouvrement des fonds.

« La première opération de M. Fouquet fut de rassurer les gens d'affaires, effrayés par les recherches, de composer avec eux pour les terminer. Il aida même les principaux dont le crédit chancelait. Les affaires extraordinaires se négocièrent, mais à une perte considérable pour le Roi. »

« Le cardinal se faisait avancer régulièrement 23 millions par an pour certains états, dont il voulait avoir seul la disposition. Il se réservait, en outre, des généralités, sur lesquelles il surimposait par simples lettres de cachet, contrairement aux lois et aux ordonnances du royaume, les sommes dont il avait besoin. »

« Plus on surchargeait le peuple par de nouveaux genres d'impôts et par des augmentations arbitraires, plus il se trouvait « de déficiens » dans les anciens revenus. Toute idée de proportion était perdue, entre les contributions personnelles et les contributions sur consommations. Les droits d'octroi furent aliénés au profit du roi et levés en même temps, par doublement, au profit des villes pour satisfaire aux dettes et dépenses communes. »

« Les rivières étaient tellement surchargées de péages et embarrassées des receveurs, que le commerce était réduit à celui que la nécessité exigeait. On ne suivait régulièrement aucun principe, sauf celui de donner beaucoup à gagner aux traitants pour en retirer quelques sommes médiocres. Mais on ne laissait pas de leur manquer de parole très souvent. »

« En 1657, on perçut six nouveaux sols pour livre, outre les six anciens. Ainsi, de toutes parts, se multipliaient les contributions, les receveurs et les formalités. »

Pour achever de donner l'idée du désordre, le cardinal se faisait souvent rembourser de vieilles dettes de l'État, comme si ç'eût été de l'argent avancé par lui à l'épargne. Sa toute-puissance fermait la bouche des surintendants, et la générosité du Roi légitima ses opérations avant sa mort.

En 1659, la paix des Pyrénées donna plutôt quelques espérances de relâche au peuple qu'elle ne le soulagea. Cependant, en 1660, M. Fouquet trouva le moyen de remettre au peuple 20 millions dus sur les tailles de 1647 à 1656 ; il se promit de les diminuer annuellement. Les péages innombrables de la Seine et des rivières y affluentes furent supprimés, et les acquéreurs remboursés, sur le prix de la finance.

Forbonnais se hâte de passer sur ces temps d'obscurité et de désordre, pour fixer ses regards sur des opérations plus heureuses, sous lesquelles on vit la France changer de face. « Je ne dois pas cependant, dit-il, oublier les obligations que le commerce dut à M. Fouquet, le seul ministre de son temps qui y pensa essentiellement. Il l'avait regardé, comme la ressource de l'État, comme sa tranquillité, et l'avait rétabli. Plusieurs vaisseaux armés par lui fréquentèrent les Antilles, le Sénégal, la côte de Guinée, Madagascar, Cayenne, Terre-Neuve. C'est à ses secours et à ses encouragements, que la France fut en partie redevable de leur conservation, totalement oubliée dans le Conseil. Il engagea des particuliers à s'intéresser dans ces divers commerces, et nos colonies se soutinrent ainsi contre la jalousie et l'ambition. » Mazarin mourut en 1661.

Il avait dit au Roi :

« Sire, je vous dois tout, mais je crois m'acquitter en vous donnant Colbert. »

COLBERT

1616-1683

« Deux grands biens, dit Forbonnais, suivirent :

« Ce fut d'abord la fin d'une administration ignorante en matière de finance ; » ensuite, le Roi prit lui-même le timon des affaires, déclarant « qu'il voulait que toutes les parties du gouvernement fussent sous ses yeux, que toutes les opérations partissent de sa volonté, comme elles émanaient de son autorité.

« Les peuples, qui avaient si souvent réclamé la volonté propre du monarque, contre l'abus qu'en avaient fait des ministres trop puissants, se montrèrent disposés à donner au gouvernement une confiance, dont ils ne jouissaient plus depuis la mort d'Henri IV. »

Louis XIV, qui était âgé de vingt-deux ans, trouva dans M. Colbert, comme son aïeul avait trouvé dans Sully, un aide puissant pour le service de l'État.

« Dès que cet excellent génie eut été principalement commis au maniement des finances il y déploya l'économie, la justesse et le zèle de Sully; il le surpassa infiniment dans la connaissance des effets du commerce. »

Pour bien développer le mérite du ministère de Colbert, Forbonnais croit utile de retracer, en peu de mots, le désordre des affaires.

« En 1660, le peuple payait environ 90 millions d'impôts, dont le roi touchait à peine 35 millions. Depuis 1621, il avait été créé pour 25 millions 532 mille livres de rentes; il subsistait en outre, pour 2 millions 38 mille livres d'anciennes rentes à la mort d'Henri IV; mais il avait été encore fait diverses créations indéfinies, pour le remboursement d'offices, gages et aliénations supprimés, dans le dessein d'en réunir le produit aux fermes. »

« La culture des terres avait été abandonnée, la nourriture des bestiaux oubliée; les terres privées d'engrais et de bras devinrent stériles. L'agriculture s'anéantissait, le commerce en eût peut-être retardé la ruine, s'il n'eut pas été détruit par le doublement des droits, des péages, des contributions personnelles. »

Forbonnais fait suivre ce triste tableau, du texte des remontrances adressées au Roi, en 1659, par les six corps de marchands de la ville de Paris.

« Au milieu de ce chaos, Colbert, soutenu par son courage et par la profondeur de ses vues, alla droit au bien, sans passer, comme ses prédécesseurs, par la route oblique des formes inutiles. Il ne discuta point, si tel ou tel impôt était domanial, s'il était ancien ou nouveau; mais s'il était à charge au peuple, s'il ne nuisait point à la perception d'autres revenus plus commodes et plus abondants. »

Le nombre effrayant des charges lui parut l'objet de réformes les plus pressées, parce que cet abus était le plus à charge au peuple et le plus ruineux pour le Trésor public : Un édit y pourvut.

« Les économies qu'il procura mirent le prince en état d'annoncer une diminution sur les tailles d'année en année; et cette diminution était doublée puisque le nombre des contribuables à la taille augmentait. »

Après avoir procuré ce premier soulagement au peuple, ce qui était le plus important, était de liquider les dettes dont l'État était obéré.

« Il y avait deux opérations à faire : l'une, d'apurer les comptes, de retrancher les demandes superflues, et de faire rentrer même ce qui avait été payé abusivement; l'autre, de punir les malversasations et les concussions. Il fut résolu de remettre l'un et l'autre travail à une chambre de justice. »

Pendant que cette chambre travaillait à faire rentrer dans les coffres du Roi ce qui en était indûment sorti, Colbert préparait les moyens d'y faire entrer sûrement les revenus. Tous les offices comptables furent déclarés casuels et les titulaires, obligés de fournir un cautionnement.

« Les bois avaient formé autrefois une branche très considérable des revenus du domaine, mais l'abandon de toute police, qui suit ordinairement la détresse publique, l'avait presque anéantie. Les particuliers s'en étaient approprié une partie. Le reste, mal gardé, avait été pillé ou dégradé faute de soin et d'entretien. Le ministre méditait de grandes choses sur la marine, et avait un double motif d'améliorer cette situation. Dès cette année, une réforme générale des eaux et forêts fut entreprise.

« En 1661, le montant des baux et des impositions étant de 84,222,096 livres, les charges montaient à 52,377,172 livres; ainsi, en 1661 la part du Trésor royal était de 31,844,924 livres.

« L'année suivante, une famine vint troubler l'effet que l'on attendait des grands travaux entrepris — l'abandon de la culture, causé par la pesanteur des taxes et la misère des campagnes, n'y contribuèrent peut-être pas tant qu'un arrêt du Parlement du 19 août 1661, où le commerce des grains se trouvait en quelque sorte interdit. » Forbonnais remarque, à cette occasion, « combien il est singulier que nos lois aient toujours marché à pas précipités; Liberté tout entière ou interdiction totale. »

« La liberté totale est, sans contredit, moins préjudiciable que la gêne. M. Colbert, ce ministre si intègre, si ami des peuples, suivit une fausse route. Sully, avec moins d'art, était parti d'un principe plus naturel et plus simple. Il écrivait à Henri : « Si chaque juge de votre royaume en faisait autant, (il s'agissait de l'arrêt des blés à Saumur), bientôt vos sujets seraient sans argent et, par conséquent, Votre Majesté. »

« Le nombre excessif des mendiants et des vagabonds avait attiré les regards du Roi. » Il ordonna, dans toutes les villes du royaume, l'établissement d'hôpitaux où ils devaient être renfermés et instruits à la piété. Si l'édit eut ajouté ces mots : « et au travail », il eut alors coupé le mal dans sa racine; et il n'en coûtait pas davantage d'établir des maisons de travail que de simples clôtures. »

« L'ordre établi par M. Colbert ne laissa pas de le mettre en état, de faire des projets de fonds et de dépenses, de connaître ce qui pouvait rentrer sûrement de chaque partie, et d'assigner certainement le fond de chaque dépense. » Forbonnais rappelle que M. le duc de Sully avait suivi cette méthode, et que le rétablissement des finances fut en partie le fruit de l'exactitude avec laquelle ce plan fut exécuté. »

Voulant augmenter le travail, M. Colbert commença à y pourvoir par deux réformes considérables.

La première consista à débarrasser les grands chemins et les rivières du royaume, du plus grand nombre possible des droits de péage, dont ils étaient surchargés, et qui étaient aussi gênants qu'onéreux pour les transports.

La seconde réforme s'appliqua aux grands versements de marchandises qui se faisaient par la frontière du Dauphiné, par suite de l'abolition de la douane de Lyon. Ces bureaux furent rétablis.

Pendant que ces mesures s'accomplissaient, la chambre de justice avait commencé la liquidation de plusieurs parties des engagements de l'État et de ses aliénations. En conséquence de ces arrêts, toutes les rentes créées depuis 1656 furent supprimées, sauf à pourvoir au remboursement de ceux qui les avaient achetées de bonne foi en argent, sur le prix de l'acquisition porté dans le contrat.

La suppression d'autres aliénations fut également prononcée; elle eut pour effet d'augmenter le produit de la ferme générale des aides, qui avait été considérablement diminué.

En 1648, le roi avait supprimé la totalité des octrois des villes et bourgs, pour les aliéner ensuite. Ce remboursement avait forcé les communautés de recourir à des emprunts, ou à des impositions extraordinaires, ou à la vente de leurs biens patrimoniaux et communaux. Ces trois méthodes étaient également funestes au bonheur et à la tranquillité publique. M. Colbert, qui s'instruisait dans le plus petit détail de la situation des provinces et des campagnes, remédia autant qu'il put à cette situation par divers règlements.

A mesure que la chambre de justice avançait dans la vérification des malversations commises, on prenait de nouvelles précautions, soit pour éteindre les fausses dettes, soit pour faire rentrer les sommes détournées.

On prenait en même temps des arrangements pour

rembourser, en partie, les rentes assignées sur l'Hôtel de Ville, en obligeant chaque particulier à représenter ses titres. Au moyen des diverses réductions qu'elles avaient essuyées, sous le ministère du cardinal Mazarin, les rentiers ne recevaient plus, au lieu de mille livres originaires, que quatre cent seize livres en douze mois. Ainsi l'opération devenait facile. La recherche des financiers produisit d'ailleurs des sommes assez considérables, malgré la protection des courtisans.

Tous les efforts de M. Colbert tendaient à égaliser, en quelque façon, les impôts sur la totalité de la nation. Les tailles, étant la charge la plus pesante, sur l'industrie et sur les pauvres, avaient mérité ses premiers soins; elles se trouvaient réduites à 36 millions, de 50 millions où il les avait trouvées; mais cet habile ministre n'en comprenait pas moins « combien la nature vicieuse des impôts arbitraires et personnels fatigue le peuple, à quelque taux qu'ils soient portés ». Il voulut du moins remédier aux abus qui s'étaient introduits, soit dans la perception, soit dans la répartition, « en attendant qu'il lui fût possible de faire mieux ».

Là où la taille était arbitraire, un arrêt du Parlement de 1667 défendit de saisir, pour le fait de la taille, les lits, les habits, le pain, les chevaux et les bœufs servant au labour, ainsi que les outils dont se servent les artisans, les manouvriers.

« L'encouragement accordé à la multiplication des

bestiaux, fut un des plus grands secours que les campagnes eussent reçus de M. Colbert. Ainsi, fut suspendue une partie des maux dont les menaçait l'interruption du commerce des grains.

« Le ministre eût fait de bien plus grandes choses, s'il eut réfléchi aussi profondément sur le commerce des grains et sur les besoins de l'agriculture, que sur la navigation. Il porta sur une dernière partie ses vues et ses soins, presque aussi loin qu'il lui était possible. »

Il fit disparaître les petites compagnies qui n'avaient pas réussi, et racheta nos Antilles. Il établit une compagnie des Indes occidentales, avec la concession du commerce exclusif, pendant quarante ans, des îles rachetées, et du commerce des côtes d'Afrique.

La marine marchande était en mauvais état, celle du roi ne valait pas mieux. Le commerce s'en ressentait; les matelots manquaient par suite de l'anéantissement du commerce. Des primes furent promises à tout négociant qui ferait construire en France des navires, et une gratification de quarante sols fut accordée, par chaque tonneau, à tout bâtiment français, monté par un équipage français, qui partirait pour la Baltique, qui reviendrait chargé de goudrons et de bois propres à la construction.

« Ce qui fut plus important, et ce qui est un titre de gloire pour Colbert, ce fut la création de l'inscription maritime, c'est-à-dire, le dénombrement de tous les gens de mer, divisés en trois classes, et appelés à servir à tour de rôle dans la marine marchande et dans la marine militaire. »

Toujours pénétré de la nécessité de réduire le nombre des offices; et dans le dessein de faire un jour cette réduction, Colbert fit dresser dans chaque généralité un état de tous les officiers et de ce qu'ils coûtaient : Nombre des offices, 49,780. Montant de de leurs gages : 8,324,647.

A cette occasion, Forbonnais évalue, « d'après l'argent mis en réserve par les chefs de famille, pour être en état de pourvoir leurs enfants, à 800 millions le capital monétaire de la France.

« Un édit portant réduction des droits de sortie et d'entrée, avec suppression de plusieurs droits, fut rendu au mois de septembre 1664.

« Il autorisait les négociants à entreposer leurs marchandises pour les réexporter : Ce qui ne fut pas peut-être une opération moins avantageuse au commerce que la réforme du tarif même.

« Au milieu des embarras inséparables d'une réforme dans les finances, Colbert chercha à créer de nouvelles sources de richesses pour la France; ce fut en cette année (1664), qu'il fit arrêter le projet de joindre les deux mers par le canal du Languedoc. Henri le Grand et son ministre y avaient aussi pensé. Son exécution a été plus grande, puisque l'on a donné à ce canal 64 lieues de longueur. A la même année, appartiennent la fondation de l'Académie de peinture et la création de l'École fondée à Rome pour les Français. »

Les manufacturiers, appelés de tous côtés par des récompenses, fondaient dans nos provinces des maisons de travail. En 1665, les Van-Robais apportèrent la fabrication des draps de Hollande à Abbeville. « Ce n'était qu'en libérant, dit Forbonnais, les revenus de l'État qu'on pouvait faire face à ces dépenses et à celles des bâtiments que le roi avait entrepris. » On travaillait continuellement à rembourser les rentes ; comme la plupart appartenaient à des traitants, qui se les étaient fait donner, en paiement de prétendus remboursements, le rachat d'une partie coûta fort peu de chose, et l'autre partie fut éteinte à titre de restitution.

Les anciennes rentes avaient partagé l'avilissement des autres, et les arrérages ne s'en payaient plus depuis fort longtemps, que sur le pied de deux quartiers ou de deux quartiers et demi.

D'un autre côté, la recherche des usurpations des domaines ne laissait pas de troubler beaucoup de personnes, qui avaient bâti sur des terrains inutiles appartenant au roi, ou amélioré des terres abandonnées. La jouissance leur en fut laissée, en payant annuellement le vingtième du revenu.

« Dans le plan qu'avait formé M. Colbert de favosiser l'industrie et d'accroître les revenus publics, sans surcharger le peuple, il ne pouvait clore les travaux de cette année par une opération plus habile, que la réduction des intérêts de l'argent, du denier dix-huit au denier vingt : tel fut l'objet de l'édit du mois de décembre 1665.

« La guerre, en 1666, vint troubler un repos employé si utilement pour les peuples. Les intérêts du commerce de l'Afrique avaient brouillé la Hollande et l'Angleterre ; le roi, après avoir inutilement cherché à apaiser leur querelle, fut contraint de prêter aux Hollandais le secours auquel il s'était engagé par la ligue défensive de 1662. La marine de France était déjà en état de faire pencher la balance : telle avait été l'activité et l'économie de M. Colbert. En moins de cinq ans, furent construits trente-six vaisseaux, avec quinze brûlots, dans la Méditerranée ; quatorze vaisseaux de ligne et seize brûlots dans l'Océan. En même temps se formaient de nouveaux matelots, et on rappelait en grand nombre ceux que nous avions au service de toutes les nations. L'arsenal de Rochefort fut le premier auquel on travailla ; successivement, les arsenaux de Brest et de Toulon, les plus beaux de l'univers, furent établis.

Le succès de M. Colbert dans ces grandes opérations tint principalement à l'exactitude du paiement. Son habileté fut d'écouter doucement, même les contradictions, et surtout de porter un coup d'œil sur les plus petits détails.

Ce n'était pas seulement en faveur de la marine militaire qu'étaient prodigués les trésors de l'État, la marine marchande obtenait chaque jour, de nouvelles sûretés par la réparation des ports : Celui de Cette fut nettoyé.

Au milieu de ces utiles dépenses, M. Colbert ajoutait un éclat à la dignité de son maître, en répandant ses largesses sur les artistes, les savants, les personnes distinguées.

Il chercha à étendre la matière de ses bienfaits, en encourageant la population par une loi en faveur des mariages (novembre 1666).

La paix de Bréda remit les choses sur le pied où elles étaient auparavant; elle fut suivie d'une autre guerre par terre. Le roi fit une irruption en Flandre, pour revendiquer les droits de la France : ce fut moins une conquête qu'une prise de possession des villes et des places qui formaient la dot de la Reine.

En vain, M. Colbert employait les expédients les plus puissants pour animer notre industrie, la concurrence étrangère, en ralentissait les progrès. Le tarif de 1667 eût été notre palladium, si d'autres intérêts politiques n'eussent obligé depuis à le modérer.

« La prospérité des armes du roi, continuait cependant; la Franche-Comté, soumise en quinze jours, avertit l'Espagne de se hâter de lui faire raison; et l'Europe alarmée s'intéressa à voir terminer la guerre par la paix d'Aix-la-Chapelle, qui acquit à la France une très belle portion de la Flandre. »

« Mais cette paix augmenta considérablement les dépenses de l'État; il fallut pourvoir à la sûreté de cette nouvelle possession par des fortifications.

« Le Louvre s'élevait, les prodiges de Versailles s'avançaient, les meubles rares et précieux s'accumulaient.

« Le secret d'une aisance si extraordinaire, en apparence, n'était que le remboursement, fait annuellement, de plusieurs parties de rentes et autres charges; tandis qu'en diminuant insensiblement la quotité des droits, on avait accru leurs produits par la facilité des consommations.

« La charge de secrétaire d'État, dont M. Colbert fut revêtu, doubla encore ses soins pour la marine et le commerce, comme elle augmentait son autorité. Le premier usage qu'il fit de sa nouvelle dignité, fut d'envoyer un mémoire-circulaire à tous les consuls français, sur les informations qu'il voulait avoir du pays de leur résidence. »

Après s'être renseigné sur l'état du commerce, après avoir constaté « que toutes ces branches étaient en friche, à la fois, que les négociants étaient sans vues, sans émulation, sans fortune, se doutant à peine de leurs forces, Colbert prit habilement son parti. Il appela les étrangers à Marseille par des privilèges, par la suppression du droit d'aubaine et de tous ceux qui étaient imposés sur leurs effets. »

Il ne manquait plus au commerce que d'être une profession honorée, c'est ce que le roi lui accorda par un édit, où il déclara que le commerce de mer ne dérogeait pas à la noblesse.

M. Colbert sentit l'avantage infini qu'il y aurait à

déterminer le passage par la France, de toutes les marchandises de la Flandre française, et même espagnole allant à l'étranger.

Le génie de M. Colbert embrassait tous les détails économiques; ce fut par les conseils de ce grand homme, que le roi fit entreprendre la réforme des ordonnances civiles et criminelles, réforme qui fut achevée en 1670.

L'année 1669 est véritablement l'époque brillante des finances sous ce ministère, parce que, dans aucune, il n'y eut moins de charges perpétuelles sur les revenus de l'État et moins d'impôts sur les peuples.

Cette même année, le roi avait associé aux fonctions et à la charge de secrétaire d'État, dont Colbert était titulaire, son fils : le marquis de Ségnelay. Le père voulut donner à son fils « cet avantage sur lui, en le faisant voyager dans tous les arsenaux du roi, en Angleterre, en Hollande et en Italie. Il lui remit des instructions, que Forbonnais cite textuellement. Elles se terminent par ces belles paroles : « Il faut que mon fils sente aussi vivement tous les désordres qui arriveront dans le commerce, toutes les pertes que feront les marchands, que si elles lui étaient personnelles. »

Éclairé par les informations qu'il provoquait de toute manière, Colbert abaissa les droits sur les marchandises provenant d'Amérique. Il fit rendre un édit, ordonnant la restitution des droits d'entrée et l'exemption des droits de sortie sur les marchandises reçues en entrepôt conformément à l'édit de 1664.

A la même époque se terminèrent les fortifications de Dunkerque.

A ces dépenses et à diverses augmentations sur les bâtiments, il faut ajouter celles que nécessitèrent les préparatifs de la guerre. Les impositions montaient cette année (1671) à 104 millions 522 mille livres, y compris le don gratuit du clergé de 2 millions 200,000 livres. La recette ne pouvait être évaluée qu'à 77,648,911 livres, les charges, les diminutions déduites.

Dans le but de pourvoir au déficit et aux dépenses extraordinaires, on eut recours à divers expédients qui sont détaillés par Forbonnais, entre autres un traité pour les francs-fiefs, dans le Parlement de Rouen et de Paris.

Forbonnais dit qu'il est difficile de reconnaître Colbert dans une autre affaire, qui intéressait l'industrie : un édit obligea les artisans et les marchands, qui n'étaient point encore en communautés, à s'y réunir, pour qu'il leur fût accordé des statuts, en payant finances ; même obligation fut imposée aux communautés établies. Cette affaire produisit 300,000 livres.

Forbonnais demande, si cette « gabelle » valait la peine de mettre des hommes si utiles à la merci des traitants. Il rappelle les plaintes fréquentes qu'ont excitées les communautés de la part des États généraux et des assemblées des notables.

Après avoir donné l'état des affaires extraordinaires et qui procurèrent une somme de 149,400,305 livres il ajoute : « Il est vraisemblable que M. Colbert fut entraîné par l'urgence des besoins et par l'importunité des gens d'affaires, « car il semble que plusieurs de ces moyens étaient absolument opposés à ses principes et à sa conduite passée ; » et ajoute encore : « Si le peuple eut été à son aise pendant la paix, un impôt régulier et général pendant la guerre l'eût moins fatigué que ces créations de rentes, de charges, d'augmentations de gages. »

Ce qu'il vient de dire le conduit à établir pour maxime fondamentale, « de ne jamais percevoir en temps de paix tout ce que les peuples pourraient payer. »

Pour donner une idée des dépenses de cette guerre, il présente un état des recettes et dépenses depuis 1661 jusqu'à 1678[1]. La dépense excède la recette connue de 25,939,540 livres.

« Forbonnais fait remarquer qu'avec un fond d'impositions extraordinaires de 12,000,000 sur les riches, tel que le vingtième des biens-fonds, ou quelques droits sur la consommation de la capitale, M. Colbert aurait pu se procurer les 150 millions dont il avait besoin. Quatre ou cinq ans après, l'État eût été libéré et le public eût moins payé, mais il ne fut pas le

[1] Total des recettes. . . 775,751,539
— des dépenses . . 801,691,079

maitre, M. Louvois et le président du Parlement de Paris ayant engagé le Roi à préférer les emprunts à l'imposition. »

La paix conclue à Nimègue mit fin aux difficultés et aux inquiétudes du ministre, qui se voyait obligé, d'aliéner les revenus de l'État, après avoir passé tant d'années à les libérer.

En 1674, Colbert avait établi une caisse des emprunts, à laquelle les particuliers pouvaient porter leur argent, avec la faculté de le retirer à leur volonté; l'intérêt payé par cette caisse était de 5 pour 100. Dès que la paix fut assurée, le ministre fit tous ses efforts pour retirer les aliénations et rembourser les rentes; pour cela, il dut émettre des rentes nouvelles. Forbonnais lui reproche « d'avoir eu recours à l'expédient le plus funeste, qu'on ait jamais employé dans les finances; les étrangers furent invités à racheter ces rentes. Depuis cette époque, la France leur est devenue redevable de plusieurs millions. »

« Plus heureuse fut une autre opération, le convertissement aux frais du Roi en louis d'or et en louis d'argent des monnaies qui avaient été décriées. Les propriétaires reçurent en parts et en titres la même somme qu'ils avaient portée à la Monnaie. « L'expérience, dit Le Blanc, a fait voir qu'on n'a jamais rien pratiqué en France de plus utile pour y attirer abondamment l'or et l'argent. »

Si la paix agrandit le territoire de la France, elle porta une atteinte considérable à l'industrie de ses habitants. La révocation du tarif de 1661 rendit aux Hollandais leur première supériorité sur nos navigateurs et nos manufacturiers. La compagnie des Indes orientales fut extraordinairement affaiblie par les pertes qui en résultaient pour elle. La Compagnie des Indes occidentales aurait succombé, sans le secours que le Roi lui accorda.

« Quelque rapides que fussent les progrès du commerce des colonies, il ne pouvait se soutenir, sans accroître leur culture, et la culture ne pouvait réussir sans esclaves. Dès 1672, M. Colbert usa de ses expédients ordinaires, pour animer la traite des noirs; après plusieurs essais sans succès, un privilège exclusif fut accordé à la compagnie du Sénégal. Les impôts pendant la guerre n'avaient pas tant fatigué le peuple, que l'interruption du commerce; pour remédier à l'engorgement des denrées le droit sur la sortie des vins et des eaux-de-vie fut enfin modéré.

En 1680, M. Colbert fit rendre deux ordonnances : l'une sur les aides, l'autre sur les gabelles. Il eut l'honneur d'avoir simplifié ces lois. C'était un très grand avantage sans doute, « la réussite ne fut pas complète, dit Forbonnais, parce qu'on ne corrigea pas la diversité de l'impôt entre les diverses généralités. .... « Il est certainement malheureux pour la France, de voir son commerce rétréci dans les entrailles de vieilles coutumes, introduites, dans un temps où toutes les provinces, partagées en diverses souverainetés, se traitaient avec défiance. ».... Plus loin il dit, au sujet de l'ordonnance des Gabelles : « Il est un sentiment de douleur naturelle à ceux qui aiment leur patrie, lorsqu'ils réfléchissent sur les causes d'affaiblissement du corps politique........ Une denrée, que les faveurs de la Providence entretiennent à vil prix pour une partie des citoyens, est vendue chèrement à tous les autres........ Si la taille arbitraire n'existait pas, l'impôt du sel pourrait être considéré comme le plus funeste qu'il fût possible d'imaginer. »

Toutefois Forbonnais reconnaît « que la taille a un avantage sur les autres impôts, c'est de passer sans frais dans un petit nombre de mains. Il formule ainsi son opinion sur l'établissement des impôts :

« Pour que la rentrée des revenus soit exacte et facile, il faut que les impôts ne portent pas tous sur un seul objet ;

« Pour que toutes les classes du peuple se soulagent et se soutiennent mutuellement, il faut que toutes paient une portion des tributs ;

« Pour les hommes qui n'ont d'autre revenu que celui de leur journée » il ne faut pas qu'ils paient au delà de la proportion de leur salaire.

« Pour le bien de l'agriculture et du bon marché des salaires, il importe que l'imposition dans les villes soit plus forte que dans les campagnes. »

Telles sont les idées qui servent de base à Forbonnais, dans une longue discussion sur la réforme des impôts.

Forbonnais dit : « Qu'il se fait un devoir de transcrire tout ce qu'il trouve écrit de la main de Colbert, parce que ses actions le peignent mieux et le louent plus dignement qu'il ne pourrait le faire. » Il reproduit une note mise par ce grand ministre, à la suite d'un projet d'État, présenté au roi pour l'année 1681.

« Il serait nécessaire de réduire les dépenses à 68 millions, et même d'en retrancher encore deux vers le milieu de l'année : .....

« Je puis espérer que, si le roi veut réduire les dépenses, sur le pied que je propose, sans passer, en deux ou trois années au plus, les finances se rétabliraient. ».....

Forbonnais cite une autre note également écrite de la main de Colbert : « Au bas de l'état des parties du Trésor royal pour l'année 1682.

« Les trois premiers mois des recettes générales de 1683 sont de 1682, et montent à 4.800.000 livres. »

« Le roi peut faire état de 85 millions de revenu ; et l'on peut assurer à Sa Majesté, que, dans deux ans, sans aucune augmentation d'impositions, son revenu sera de 90 millions. »

« En cas de guerre, la plus grande dépense pendant les guerres passées ayant été de 110 millions.

Pour former cette somme :

Les revenus monteront à 90 millions ; par augmentation sur les tailles, 10 millions. Total : 100 millions.

On peut se ressouvenir qu'en 1661 les impositions montaient à 84.222.096 livres, les charges à 52.373.072 livres ; ainsi Colbert avait diminué les charges de 26.487.495 livres.

« Il avait augmenté le produit des impositions de 28.654.614 livres.

« Et les parties du Trésor royal, au total de 55.142.109 livres.

Telle était la situation, dans laquelle ce grand homme laissait les finances de la France.

Il mourut le 6 septembre 1683.

Sans rien dire des événements qui avaient précédé cette mort, des circonstances dans lesquelles elle eut lieu, ni des causes auxquelles on crut pouvoir l'attribuer, sans transition, — Forbonnais passe au jugement de son administration.

Nous ne le suivrons pas sans dire : qu'à ce moment les forces de Colbert semblaient épuisées par suite d'une violente maladie contractée, après un voyage à la frontière du Nord, dans lequel il avait accompagné le roi.

Louis XIV, très satisfait de la rapidité et de la sévère économie apportées par Louvois dans l'exécution des travaux de fortification des places frontières, reprocha à Colbert les effroyables dépenses de Versailles où rien n'était avancé. On comprend ce que dut être un pareil reproche, pour l'homme qui avait été le principal auteur de la prospérité dont avait grandi la France.

En quittant la vie, il eut en outre la douleur, de voir toute son œuvre compromise, et en même temps celle qui avait été entreprise par Henri IV et Sully, poursuivie si vigoureusement par Richelieu, si habilement par Mazarin.

« En le sachant à toute extrémité, Louis XIV, malade lui-même, lui écrivit. Colbert refusa de lire sa lettre, et demanda qu'il le laissât mourir tranquille.

Voici le jugement porté par Forbonnais sur l'administration de Colbert :

« La réputation de Colbert était telle en Europe que, pour louer un ministre, l'adulation même n'a rien pu imaginer au-dessus de ce parallèle.

« S'il n'est pas le premier parmi nous qui ait combiné la nature des divers impôts, il en a perfectionné les proportions, soit en rejetant sur les consommations libres une partie des contributions arbitraires, qui se levaient auparavant sur la terre ; soit par l'habileté qu'il eut de rendre ces consommations plus faciles, en simplifiant les droits, en les réunissant sous une même régie, et presque toujours en diminuant leur excès.

« Par cette méthode, il soulageait réellement le peuple, et grossissait les revenus publics. Les dépenses extraordinaires auxquelles il fut obligé de pourvoir étendirent nécessairement les droits sur une infinité d'objets qui n'y avaient pas été soumis, principalement dans la capitale, dont il crut sans doute que l'accroissement, dangereux et journalier, devait au moins dédommager les finances de l'État, du préjudice qu'il portait à toutes les provinces.

« Sa politique, utile au royaume et surtout au peuple de la capitale, que des ménagements quelquefois forcés dans des temps différents avaient accoutumé à en faire une espèce de droit, et dont les plaintes ou les acclamations se faisant entendre plus facilement, sont trop souvent regardées comme le vœu national par ceux qui, ne connaissant pas les provinces, n'envisagent qu'un seul objet à la fois. »

« Ce n'est pas que la conduite de M. Colbert n'essuya pas quelques reproches dans les provinces ; il avait trouvé tous les octrois des villes et leur administration dans un tel désordre que son objet n'était pas rempli. Ceux, dont cette réforme arrêtait les pillages, ne manquèrent pas d'accuser le ministre d'enfreindre les privilèges des villes. La libération des dettes de l'État ne pouvait s'opérer sans un accroissement de recettes ; il était plus naturel de détourner en sa faveur une partie des impositions établies, que d'en imaginer de nouvelles. »

« Le retranchement d'un grand nombre d'offices

inutiles et des privilèges que l'on avait excessivement multipliés fut encore un des moyens dont M. Colbert se servit pour augmenter les revenus de l'État ; mais il désola les familles qui s'étaient fondé un état sur les débris de la fortune publique.

« Un grand nombre d'engagistes regardait déjà, comme un patrimoine héréditaire, les aliénations qui leur avaient été faites de presque tous les domaines, des droits de diverses fermes : ils n'eurent pas assez d'équité pour voir sans murmurer l'État rentrer dans ses propriétés et ses revenus.

« La réduction et le remboursement de diverses parties de rentes vendues aux traitants à des prix fort onéreux, fut le cinquième moyen par lequel M. Colbert réussit à diminuer les charges, qui absorbaient les revenus publics et réduisaient le corps politique à l'impuissance absolue.

« Si jamais la bonne conduite générale d'un ministre pouvait lui assurer le droit de faire quelques fautes, l'administration de M. Colbert ne permettrait pas sans doute de s'arrêter sur quelques erreurs ; mais la postérité, qui n'envie pas les éloges bien mérités, ne suit pas pour le blâme d'autre règle que celle de la justice étroite et rigoureuse. Elle n'en admirera pas moins le génie de ce grand homme et son courage sans lequel le génie eût été inutile, s'il est vrai que ces deux qualités puissent être séparées. »

Forbonnais termine ainsi :

« Tel est le précis de l'administration de M. de Colbert.

« Un esprit également juste et étendu lui fit concevoir de grands projets et des grandes espérances; dans un temps de confusion et d'épuisement, il exécuta ce qu'il avait conçu avec beaucoup d'ordre et d'activité. Occupé d'un vaste plan, il ne négligea jamais d'approfondir les détails. Il sut se les procurer, en accordant un accès facile à tous ceux qui se crurent en état de lui proposer des objets utiles; et il rechercha avec empressement les personnes de mérite qui pouvaient l'aider. Plus savant dans les calculs politiques que M. le duc de Sully, plus fertile en expédients et plus adroit, il développa avec une grande habileté les ressources inconnues de la France; et, s'il avait aussi bien employé toutes celles qui lui sont naturelles, il aurait eu la gloire de fixer seul, par son administration, presque tous les principes économiques, dont l'usage peut conserver à cet Empire une prospérité supérieure à tous les événements humains. »

FIN DE L'APPENDICE

TABLE DES MATIÈRES

FIN DE LA TABLE DES MATIÈRES

SAINT-DENIS. — IMPRIMERIE H. BOUILLANT, 20, RUE DE PARIS. — 12463

IMPRIMERIE DE SAINT-DENIS. — H. BOUILLANT, 20, RUE DE PARIS

www.ingramcontent.com/pod-product-compliance
Ingram Content Group UK Ltd.
Pitfield, Milton Keynes, MK11 3LW, UK
UKHW020546180726
13838UKWH00001B/70